Harald Martenstein

WACHSEN ANANAS AUF BÄUMEN?

Wie ich meinem Kind die Welt erkläre

Hoffmann und Campe

1. Auflage, 2001
Copyright © 2001 by Hoffmann und Campe Verlag, Hamburg
www.hoffmann-und-campe.de
Umschlaggestaltung: Büro Hamburg/Mareike Krause
Illustration: zefa visual media gmbh/Kevin Belford
Typographie und Satz: Prill Partners | producing, Berlin
Druck und Bindung: Clausen & Bosse, Leck
Printed in Germany
ISBN 3-455-09343-4

INHALT

GEBRAUCHSANWEISUNG

Dieses Buch erzählt Geschichten. Die Geschichten handeln von einem Vater und seinem Sohn, und sie sind wirklich passiert, im Großen und Ganzen jedenfalls. Das Vaterwerden und das Vatersein, darum geht es. Das Buch ist hoffentlich lustig geworden, aber – erschrecken Sie nicht! – es hat eine Botschaft. Diese Botschaft heißt: Es ist schön, Vater zu sein. Manchmal ist es anstrengend, manchmal ärgert man sich, und immer kostet es einen Haufen Geld. Aber hauptsächlich ist es schön. Man verändert sich. Einerseits ist man plötzlich Vorbild, Respektsperson, Erzieher, andererseits wird man selber wieder ein bisschen Kind. Man erlebt ein zweites Mal Kindheit, aus einer anderen Perspektive.

Die »neuen Väter«, das ist so ein Schlagwort der letzten Jahre. Aber wir Männer ändern uns nie, wir bleiben egoistische Schufte mit zwei oder drei liebenswerten Zügen. Wir sind nur ein bisschen schlauer geworden, deswegen kümmern wir uns mehr um die Kinder als unsere Vorfahren. Es ist ungerecht, dass die Frauen den ganzen Spaß haben.

In den Geschichten heißt es meistens »das Kind« oder »die Frau«. Am Anfang war das Kind noch klein, es verstand die Geschichten noch nicht so gut, und ich war mir nicht sicher, ob es ihm überhaupt recht ist, das Objekt meiner Beobachtung zu sein. Deswegen habe ich es im schützenden Nebel gelassen. Später gefiel es mir so. Das sind unsere Rollen – der Mann, die Frau, das Kind. Das ist angenehm ewig. Das werden hoffentlich weder die Politiker noch die Wissenschaftler jemals ändern können.

DIE GEBURT

Es ist so weit, sagte die Frau. Ich spür`s genau. Ooooh!
Uuuuh!

Sommer. Ein Sonntag. Es war zu Beginn der neunziger Jahre, etwa 80 Kilometer entfernt von Berlin. Wir machten einen Ausflug. Wenn wir jetzt im Westen gewesen wären, im echten, wilden Westen, dann hätte der Marshall gesagt: Wir brauchen heißes Wasser und Tücher. Und schickt jemand rüber zum Doc.

Wir waren aber im Osten. Ganz tief drin. Ich sagte: Gut festhalten.

Das bringt doch nichts, wenn wir alle bei einem Verkehrsunfall draufgehen, stöhnte die Frau. Ich sagte: Wer weiß, wie hier im Osten die medizinische Versorgung ist. Wer weiß, ob es heißes Wasser und Tücher gibt. Hier schneiden sie die Kinder, wenn sie bei der Geburt nicht spuren, mit bulgarischen Schneidbrennern raus. Sofort nach der Geburt werden die Babys aufs Töpfchen gesetzt, und die gynäkologische Abteilung singt dazu das Deutschland-Lied. Erste Strophe. Stehend. Das traumatisiert so ein kleines Wesen.

Das Kind sollte in eine Epoche voller Vorurteile und Widersprüche hineingeboren werden, in ein finsteres Zeitalter, die so genannte Nachwendezeit. Heute schämt man sich. Es dauerte sowieso noch zwei Monate bis zur Geburt.

Und, habt ihr schon einen Namen?, fragten die

Freunde. David? So. Na ja. Ist eher ein Modename, oder. Die Freunde hießen Thomas, Michael, Andreas, Andrea, Gaby, Peter und so weiter. Wie man halt so heißt in dem Alter.

Ihr habt doch alle selber Modenamen, dachte ich. Und? Leidet jemand darunter? Eltern, die originell sein wollen, gefährden vorsätzlich das Kindswohl. Frank Zappa hat seine Tochter Moon Unit genannt. Moon Unit Zappa. Dorothy wäre ihr lieber gewesen, sagt sie in Interviews.

Ein guter Name kann gar nicht unoriginell genug sein. Jeder Mensch ist ein Kind seiner Zeit, und so weiter, und so weiter. So dachte ich.

Seid ihr eigentlich Philosemiten?, fragte ein Bekannter. So weit ist es in Deutschland also wieder gekommen, antwortete ich.

Der Bekannte schwieg verwirrt. Den Satz »So weit ist es in Deutschland also wieder gekommen« kann man für alle Gesprächssituationen in Deutschland empfehlen. Damit macht man immer einen Stich.

Zeit verging. Und noch mehr Zeit. Und immer mehr. Das Kind war erst zwei, dann drei, dann vier Wochen überfällig. Es wuchs dabei aber immer weiter. Bald würde es anfangen, da drin laufen und sprechen zu lernen. Wenn es später einmal ein Musikinstrument richtig gut spielen sollte, dann müssten wir jetzt allmählich mit dem Unterricht anfangen.

»Da nehmen wir Sie jetzt mal auf unsere Station

und geben ein Medikament, das die Wehen auslöst«, sagte der Arzt. »Ganz einfach.« Es war ein sehr junger Arzt. Junge Menschen tendieren dazu, alles im Leben für eine einfache, unkomplizierte Sache zu halten. Wenn man Kinder kriegt, ist man heutzutage meistens kein junger Mensch mehr.

Weitere Zeit verging.

»Da geben wir das Medikament jetzt einfach mal intravenös«, sagte der Arzt und trommelte mit den Fingern auf dem Tisch. Wir zogen ins Krankenhaus. Herbst. Die Tage wurden kürzer. Die Großeltern riefen jeden Tag an und fragten, was denn nun wäre.

»Da erhöhen wir jetzt einfach mal die Dosis«, sagte der Arzt, leicht gereizt. »Und wenn das nicht hilft, erhöhen wir die Dosis einfach noch mal.«

»Wenn er da drin in die Pubertät kommt – wie machen wir das mit dem Rasieren?«, fragte ich. Diese japanischen Kunstschnitzer, die in das Innere eines hohlen Reiskorns eine zwölfbändige Enzyklopädie eingravieren können, mit ihren feinen Instrumenten, die kriegen das mit dem Rasieren im Mutterleib hin, aber sie sind sehr teuer.

Dann setzte die Geburt ein. Sie dauerte erst vier, dann acht, dann 16 Stunden. Alle zwei Stunden riefen die Großeltern an und fragten, was denn nun wäre. Das Kind hat heimlich bei Gottschalk angerufen, sagte ich, es läuft da irgendein Deal mit »Wetten dass«. Oder es ist die »Versteckte Kamera«. In Wirklichkeit ist das

Kind schon längst geboren, jetzt presst die Frau und presst und presst, und plötzlich schlüpft Thommy Ohrner raus. »Da weiß ich jetzt aber auch nicht mehr weiter«, sagte der Arzt nach 24 Stunden. Er war in der Zwischenzeit natürlich zu Hause gewesen. »Also los, Kaiserschnitt! Aber vorher muss ich den Chef anrufen. Das ist mein erster Kaiserschnitt.«

Als die Frau in den OP gerollt wurde, lief eine Schwester mit einem tragbaren Telefon herbei. »Das sind die Großeltern. Waren nicht abzuwimmeln. Wollen wissen, was denn nun ist.«

Die Frau nahm das Telefon und sagte: »Es ist jetzt im Moment gerade nicht so günstig. Ich ruf später noch mal an, okay?«

BULGARIEN

Das Kind isst Haferflocken. Auch Müsli wird gerne genommen. Es hat sich von ganz alleine in diese Richtung entwickelt. Innerfamiliär wird keinerlei Müslidruck ausgeübt, im Gegenteil, das Kind ist am Frühstückstisch weit und breit der einzige Gesundesser. Anders als die Partei der Grünen scheinen Haferflocken und Müsli mehr zu sein als nur das Projekt einer einzigen Generation. Ähnlich verhält es sich mit dem Haschischrauchen. Obwohl es keine Alternativszene und keinen Drogenpapst Leary und keine Band Amon Düül II mehr gibt, stecken sich immer noch etliche Menschen von Mitte zwanzig in ihren Dot-Com-Lofts abends ihr Haschischpfeifchen an. Von den Reichen der Azteken und Inkas sind die Kartoffel und der Tabak geblieben, von der Alternativszene bleiben Müsli und Haschisch.

Die Mode des Sushi-Essens dagegen hat das Kindermilieu nicht erreicht, aus Kostengründen begrüßen wir dies. Der Mensch hängt mit geheimnisvollen Fäden an den Essmoden seiner Kindheit. Als unsereins klein war, spielten die Gesichtspunkte »Gesundheit« oder »Frische« bei der Ernährung eine nachrangige Rolle. Meine Oma fand nichts Anstößiges daran, eine Dose Ravioli zu öffnen und ihrem Enkel unter »lecker, lecker«-Rufen zu servieren. Deswegen packt mich noch heute etwa einmal im Jahr der Heißhunger nach einer Dose Ravioli, ich kann nichts dagegen tun.

Wenn man das Kind sein Müsli essen sieht, stellt sich unwillkürlich der Gedanke ein: In 20, 30 Jahren werden die Essmode und die Essmoral wieder anders sein als heute. Das Kind und seine Freunde werden dann der Himmel mag wissen was essen, das Kind aber wird zu seinen Freunden sagen: »Einmal im Jahr packt mich immer ein Heißhunger nach Müsli, dann renne ich durch die halbe Stadt, um welches zu finden, ich kann nichts dagegen tun.«

Es war also Sonntag, das Kind aß Haferflocken, wir blätterten in der Zeitung. Erfahrene Zeitungsleser erkennt man daran, dass sie dem Genre der Kleinanzeige die gebührende Aufmerksamkeit widmen. Erkenntnissen und Überraschungen sind im Genre Kleinanzeige Tür und Tor geöffnet.

Die Reise war ein Super-Spezial-Sonderangebot. Zwei Wochen Bulgarien, Flug, Hotel und Halbpension, 349 Mark.

Das Ferienziel Bulgarien musste in den neunziger Jahren gewaltige Anstrengungen unternehmen, um mit der Kundschaft wieder ins Gespräch zu kommen, das Ergebnis waren solche Kleinanzeigen mit solchen Preisangeboten. Als ich die Anzeige las, dachte ich: »Bulgarien, 349 Mark, das wird nicht sehr erholsam sein, aber interessant.« Dieser Gedanke war nicht falsch.

Der Ort hieß Goldstrand. Er bestand aus mehreren Dutzend Hotelanlagen, die nicht ohne Geschick in einen waldigen Hang hineingebaut worden waren. Unten am Strand erstreckte sich die Promenade. Es sah nicht viel anders aus als in spanischen Ferienorten. Auch herrscht in Bulgarien keineswegs Katzenknappheit. Daran erkennt man die südlichen Ferienparadiese, an der verschwenderischen Fülle von Katzen, mit der Mutter Natur sie ausgestattet hat. Sobald unsere Generation Katzenurin riecht, gerät sie automatisch in Feriensstimmung und pfeift »La Paloma«.

Das Publikum bestand erstens aus Ostdeutschen, die ihren alten Reisegewohnheiten treu geblieben waren, zweitens aus Westdeutschen, für die Mallorca zu teuer gewesen wäre, drittens aus Russen und Ukrainern. Vor allem aus Russen und Ukrainern. Man hört einerseits oft von den schwer armen Russen, die gezwungen sind, ihre Wohnungen mit wertlos gewordenen Rubelscheinen und KPdSU-Parteibüchern zu heizen, andererseits hört man von den schwer reichen Russen, die an der Côte d`Azur die Ölscheichs ins soziale Abseits drängen. Offenbar gibt es auch eine russische Mittelschicht, und deren Parole heißt Bulgarien. Die russische Mittelschicht lieh sich morgens Jeeps, kaufte sich mittags Goldschmuck und hing abends an den Schießständen herum, die in den Kellern mehrerer Hotels untergebracht waren. An den Schießständen wurden Maschinenpistolen verschiedener Fabrikate verliehen. Mit diesen Maschinenpistolen auf Zielscheiben draufzuhalten, das war ein Freizeitvergnügen ganz nach dem Geschmack der russischen Mittelschicht.

An der Strandpromenade erstreckte sich auf etwa fünf Kilometern Länge ein Rummelplatz. Autoscooter reihte sich an Riesenrutschbahn, Karussell an Geisterbahn, Süßigkeitenstand an Schießbude. Es gab einen Pool mit frei steuerbaren Mini-U-Booten, deren Bordkanonen giftig grüne Funken sprühten, ein Karussell mit röhrenden kleinen T 34-Panzern und einäugige moldawische Schnelltätowierer, die in nur drei Minuten auf jedes gewünschte Körperteil einen roten Stern, ein Hakenkreuz, ein Papst- oder ein Saddam-Hussein-Porträt oder eine nackte Sharon Stone mit einer lila Orchidee auf der Scham tätowieren konnten. In den Lücken zwischen den Ständen trieben Stalinbilder-Verkäufer und Schlangenbändiger ihr Unwesen. Auf Klettergerüsten in der Form von Panzerkreuzern turnten russische Kinder und spielten, dass sie einander mit Maschinenpistolen niedermähen. Gelegentlich nahmen sie eine fette Katze als Geisel, verbanden dem sich windenden Tier die Augen und übten das Exekutieren. Die Preise der Fahrgeschäfte variierten zwischen zwanzig und achtzig Pfennig.

Das Kind rief: »Bulgarien ist das schönste Land der Welt! In Bulgarien tun sie was für die Kinder.«

Unsere Ferien sahen so aus: Morgens nahmen wir in unserem Hotel, einem Monument bulgarischer Großmachtträume, einen Saft zu uns. Sie hatten Säfte in Pink, in Malve und in Lila. Dann gingen wir an den Strand und lasen – »Die Schlacht um Berlin«, »Die Kanonen von Navarone«, dazwischen ein bisschen Philosophie – während das Kind für zehn Mark den ganzen Tag U-Boot, Panzer und Motorrad fuhr oder sich von den russischen Kindern in die Geheimnisse des Katzenexekutierens einführen ließ. Abends, wenn die Leuchtreklamen der Spielcasinos, Schießkeller und Stripteasebars aufflammten, zogen wir uns in unser Zimmer zurück. Alle Zimmer mündeten auf einen schlauchartigen Gemeinschaftsbalkon, dort lehnte die russische Mittelschicht am Geländer, sang ihre melancholischen Lieder oder spielte melancholisch auf ihren Gameboys.

Das Kind wollte sich sein Ärmchen tätowieren lassen. Mit einem Totenkopf. Das haben wir nicht erlaubt.

Weil ich tauchen kann, habe ich getaucht. Unter seiner Oberfläche ist das Schwarze Meer eine undurchsichtige Sache, man muss sich hauptsächlich auf den Tastsinn verlassen. Todor, unser Tauch-Instruktor, führte uns zu Stellen, wo man die Hände über schrundiges Metall gleiten lassen kann. Es waren die Reste der bulgarischen Kolonialflotte, die an dieser Stelle den Krimtataren eine Lektion erteilt hatte.

Nach einigen Tagen gestatteten wir, dass sich das Kind von einem arbeitslosen grusinischen Kunstprofessor mit lila Tinte einen Totenkopf auf den Unterarm malen ließ, dazu die Parole »Sieg oder Tod«, in kyrillischer Schrift.

»Ob die Atmosphäre hier wohl gut ist für die kindliche Entwicklung«, fragte die Frau. Ich sagte: »Es kann unmöglich falsch sein, wenn ein Kind andere Kulturen kennen lernt und sich unbefangen mit ihnen auseinander setzt. Außerdem: Utopie ist kein Idealzustand, sondern die immer während Chance zur Verbesserung der Lebensbedingungen. So gesehen, ist jedes Land so utopisch wie jedes andere. Das Noch-nicht-Bewusste steht in Beziehung zum Noch-nicht-Seienden Bulgariens, es ist ein Vor-Schein auf das Noch-nicht, in dem Entfremdung, Erniedrigung und Knechtschaft des Menschen eines Tages aufgehoben werden. Auch in Bulgarien.« Dies stand in dem Buch, das ich gerade las. Aber es überzeugte nur zum Teil.

Als wir aus Bulgarien wieder hinausflogen, wusste das Kind, welches Land für immer sein Lieblingsland ist. Das Land, in dem sie was für Kinder tun. Sein Avalon. Sein Eden. Sein Ravioli. Das Land, an das Ernst Bloch gedacht haben muss, als er schrieb: »Etwas, das allen in die Kindheit scheint und worin noch niemand war: Heimat.«

Denn in jedes Kind scheint etwas Bulgarisches hinein. Und wir waren dort.

COMPUTER

Gerne erinnert der erwachsene Mensch sich an seine erste Demonstration. Diese biographische Wegmarke erreicht man in unserem Kulturkreis auf halber Strecke zwischen dem Laufenlernen und dem Erwachen der Sexualität. Das Kind hat also zum ersten Mal demonstriert: gegen die Schulpolitik. Es handelt sich um eine Familientradition, meine erste Demo richtete sich ebenfalls gegen die Schulpolitik. In der Schulpolitik ist immer was los.

Im Gegensatz zu früher demonstrieren heutzutage Eltern und Kinder gemeinsam. Die Demonstrationen haben Musik, meistens ist eine Sambagruppe dabei. Die Sambabranche ist ein deutscher Wirtschaftszweig, dessen Wohl und Wehe fast ausschließlich von der Demonstrationskonjunktur abhängt. Wenn es in Deutschland wieder eine Diktatur gäbe mit strengem Demonstrationsverbot, dann müssten als Erstes die Sambaschulen schließen. Das aber wollen wir nie erleben.

Die Eltern schleppen in ihren Rucksäcken Proviant, damit das Kind während der Demonstration nicht abmagert. Ja, der Freizeitwert ist eindeutig höher als früher. Trotzdem sagt das Kind: »Demonstrieren ist langweilig. Fußball ist besser. Playmo ist besser. Fernsehen ist besser.«

Die Berliner Schulpolitik sieht so aus, dass es an unserer Grundschule einen Computer für jeweils ungefähr 80 Schüler gibt. Das ist nicht viel. Außerdem ist es ein ganz alter Computer mit Schornstein, Braunschen Röhren und Handkurbelantrieb. Manchmal fängt er mitten im Unterricht an, Dalmatisch zu reden, eine untergegangene romanische Sprache des Balkan, oder er memoriert die deutschen Olympiasieger von 1924 bis 1936, oder er erzählt von seinen Eltern, die Hollerithmaschinen waren, draußen in Ostpreußen.

Alle deutschen Elektronengehirne kamen damals einmal im Jahr zu einem Kongress in Königsberg zusammen, staatlich approbierte Gehirnwarte schmierten ihre Denkachse mit Elchfett, und ein baltischer Ingenieurbischof segnete sie feierlich ein. Das gab es damals noch, Ingenieurbischöfe, die sich speziell mit den spirituellen Bedürfnissen von Automobilen, Elektronengehirnen und Rundfunkgeräten befassten. Gerade von den Elektronengehirnen hat die Kirche sich damals viel versprochen. Sie sollten ausrechnen, wie viele Engel auf eine Stecknadelspitze passen, wie viel Atü man für eine Himmelfahrt braucht und ob man eine theologische Strahlenkanone bauen könnte, die der Church of England wieder zum wahren Glauben zurückhilft.

Einmal kam Thomas Mann aus seinem Sommerhaus auf der Kurischen Nehrung zum Kongress angereist, weil er dachte, die Elektronengehirne finden ein Mittel gegen seine nervöse Diarrhoe. Da war die Blütezeit der deutschen Computerindustrie aber schon vorbei. In der Inflation waren viele deutsche Elektronengehirne der ersten Generation wegen der vielen Nullen wahnsinnig geworden, es gab eine hohe Suizidrate, sie vernetzten sich mit den Totalisatoren, die auf den Rennbahnen die Gewinnquoten ausrechnen, und sorgten dafür, dass die Gewinne nicht ausgezahlt wurden, so lange, bis sie von ihren wütenden Besitzern in den Pregel oder die Moldau geworfen wurden.

Das Kind sagt: »Die meisten in unserer Klasse haben doch einen Computer zu Hause. Können wir die nicht in die Schule mitnehmen?«

Junge, frische, ehrgeizige Computer sind das, sie lehnen es ab, in den Schuldienst einzutreten, sie wollen in der Privatwirtschaft Karriere machen und das dicke Geld. Idealismus gibt es unter den jungen deutschen Computern nicht mehr.

Die Berliner Demonstrationen müssen sich alle durch das Brandenburger Tor hindurchzwängen, wegen des Symbolgehalts. Folglich muss auch jede schulpolitische Demonstration aus Richtung Charlottenburg erst mal durch den Tiergarten hindurch, wo sie leider nur von Singvögeln und Maulwürfen gesehen wird, auf deren Meinung keiner Wert legt. Es wäre schlauer, auf dem Ku`damm zu demonstrieren oder im Wedding. Aber wir sind ja nicht schlau. Die Inder dagegen sind schlau, kein Wunder, sie haben Computer.

Früher hieß es auf den Spruchbändern: »In der Rüstung sind sie fix, für die Bildung tun sie nix.« Inzwischen steht auf den Schildern: »Heute holen sie Computerspezialisten, morgen Germanisten.« Indische Germanisten: das wäre der nächste Schritt.

Die traditionelle Intellektuellenfeindlichkeit der CDU hat im Laufe der Parteimodernisierung den Aggregatzustand der Inderfeindlichkeit angenommen. Dieser Satz war jetzt so kompliziert, dass ihn nur verstehen kann, wer in Indien zur Schule gegangen ist. Die Hauptforderungen der modernen CDU lauten: »Kinder statt Inder!«, »Deutsche Omas statt alte Romas!«, »Wir holen keine Polen!«

Zum Kind aber sage ich: Bald werden indische Germanisten, indische Brezelverkäufer und indische Singvögel über das Land herfallen, sie werden die CDU kaufen, auseinander nehmen und in großen Schiffen nach Rot-China transportieren, weil dort Parteien Mangelware sind, sie werden das Brandenburger Tor in ein Hindu-Heiligtum verwandeln und euch eure Playmo-Männchen wegnehmen. So wird es kommen, wenn ihr nicht fleißiger demonstriert.

DIE DDR

Wir waren in Mecklenburg-Vorpommern. Mecklenburg-Vorpommern ist das optimale Vater-Sohn-Country. Gemeinsamer Aufbau eines Kleinzeltes, Entzünden eines illegalen Lagerfeuers, Befahren naturbelassener Wasserstraßen, all die klassischen Vater-Sohn-Erlebnisse sind dort an jeder Straßenecke zu haben. Zu unserer Überraschung haben wir in Mecklenburg-Vorpommern keinen einzigen Rechtsradikalen getroffen. Wahrscheinlich machen die mecklenburgischen Rechtsradikalen im Sommer Ferien und fahren weg, genau so wie alle anderen Leute – die fahren zum Kyffhäuser, nehme ich an, oder in den Teutoburger Wald. Stattdessen liefen in Mecklenburg-Vorpommern liebe, langhaarige Hippies aus Thüringen oder aus Rheinland-Pfalz herum, junges Gemüse, das sich mit seinen Gitarren ans Lagerfeuer setzte und einander sentimentales Liedgut von Bob Dylan, Arlo Guthrie oder den Beatles vortrug. »How many roads must a man walk down«: Es sind immer noch die gleichen Schoten wie vor 20 Jahren. Vermutlich kann man mit einer akustischen Gitarre beim besten Willen keinen Techno und keinen Rap herstellen, und Strom ist nicht, jedenfalls nicht auf den mecklenburgisch-vorpommerschen Campingplätzen.

Nun müssen wir ein politisch kontroverses Thema ansprechen, die DDR. Nicht alles in der DDR war gut, nicht alles war schlecht. Als Westmensch ist mir in der DDR natürlich ganz klischeehaft der Kaffee negativ aufgefallen, von der fehlenden Freiheit habe ich persönlich nicht viel mitbekommen, und das Auto hatte ich selber mitgebracht. Aber was soll ich sagen – der Kaffee schmeckt heutzutage immer noch genau so wie damals, jedenfalls in Mecklenburg. Obwohl es überall in den Geschäften den gleichen Kaffee gibt wie im Westen! Es muss sich um ein regelrechtes Rezept handeln, das unter der Hand weitergegeben wird, vom Ostvater zum Ostsohn, von der Ostmutter zur Osttochter. Der Ostkaffee ist also, anders als jahrzehntelang vermutet, keineswegs eine Folge der sozialistischen Mangelwirtschaft gewesen, sondern es handelt sich um einen kulinarischen Regionalismus, um eine Spezialität wie das bayerische Bier oder die schwäbischen Spätzle.

Nicht jede Spezialität schmeckt halt den Zugereisten. In Syrien essen sie zum Beispiel Hammel-Augen. Auch das mag nicht jeder. Es ist bestimmt nicht einfach, aus westlichen Zutaten den originalen Ostkaffee zu kochen.

Ich stelle mir vor: Syrien wird mit, sagen wir, Schweden zu einem Staat vereinigt. Die Schweden schüttelt es, wenn sie gebratene Hammel-Augen auch nur riechen. Sie nehmen den Syrern, kraft ihrer überlegenen Ökonomie, ihre Hammel-Augen weg und versuchen, sie dazu zu zwingen, dass sie stattdessen Abba-Hering-

Silt in Sherrysoße essen. In allen Supermärkten türmen sich die Abba-Fischkonserven, in der Hammelabteilung dagegen gähnende Leere. Da wären die Syrer gewiss gekränkt. Syrische Dichter würden Klagelieder verfassen, in denen sie, keineswegs zu Unrecht, die Arroganz der Schweden anprangern und den Hammel-Augen Kränze flechten.

Die Syrer sind aber ein findiges Volk. Sie züchten heimlich in ihren Katakomben genetisch manipulierte Hammelrassen, die acht Augen haben und darauf dressiert sind, zu bellen wie ein Hund, sobald sie schwedisch hören.

Und wie macht ihr das, ihr Mecklenburger? Werfen eure Rechtsradikalen ihre benutzten Springerschuh-Einlagen in die Kaffeemaschinen der Eltern? Importiert ihr aus Thüringen, wo sie in verlassenen Bergwerks-Stollen unterirdische illegale Ostkaffeeröstereien eingerichtet haben? Jedenfalls war ich nicht wenig erleichtert, als wir im Städtchen Mirow das idyllische Strandhotel erreichten, direkt am See, mit Bootsverleih, Strand und Wiese zum Zelten. Im dortigen Restaurant gab es Westkaffee. Wunderbaren, heißen Westkaffee. Die Einheimischen gucken scheel, wenn man den trinkt, ein bisschen wie in Griechenland, wenn die deutschen Frauen dort am Strand das Bikini-Oberteil ausziehen. Der Ostkakao schmeckt übrigens genau wie im Westen. Behauptet das Kind.

DEMOKRATIE

In Deutschland wird auffällig oft im Herbst gewählt. Die Demokratie wäre bei den Menschen noch beliebter, wenn im Frühjahr gewählt würde, am besten Ende Mai. Dann hätte die Demokratie einen dynamischen Touch – Wachstum, Wonne, Hullygully -, man könnte den Wahlsiegern Blumenkränze umhängen, wie es in der Südsee Brauch ist, die »Berliner Runde« käme Open Air aus dem Strandbad Wannsee.

Es war ein typischer Nieselregenwahlsonntagvormittag in Berlin. SPD-Wetter. Denn der Nieselregen unter den Berliner Parteien ist lange Zeit die SPD gewesen. Die SPD hatte im Westteil von Berlin knapp 60 Prozent, dann verkümmerte sie oder zerschmolz oder entleibte sich mit Hilfe zahlreicher Skandale und sank auf 20. Die Berliner Parteien machen es ähnlich wie die Lemminge, sobald es viele Wähler von einer Partei gibt, stürzt sie sich freiwillig in den Abgrund.

Es war also ein grauer Nieselregenwahlsonntagvormittag. Wir spielten Monopoly. Seit Jahren haben wir nicht mehr Monopoly gespielt. Ungeduldig haben wir darauf gewartet, dass unser Kind in das Brettspielalter hineinwächst. Morgen für Morgen betasteten wir die Fingerchen, wie die Hexe in »Hänsel und Gretel«, wir klopften mit silbernen Hämmerchen das kleine Gehirn ab und ließen uns das Zünglein zeigen. Ist dies Zünglein groß genug, um zu sagen »Du erhältst auf

Vorzugsaktien sieben Prozent Dividende«? Kann dies kleine Gehirn endlich erfassen, was es bedeutet, nicht über Los zu gehen und nicht 4000 Mark einzuziehen?

Das Kind aber sagte: »Ich will kein Monlopopi. Ich will lieber fernsehen.« Sobald wir etwas tun wollen, spazieren gehen, Blumen gießen, einkaufen, irgendwas, reagiert das Kind mit den Worten: »Ich will es nicht. Ich will lieber fernsehen.«

Vögel wollen fliegen, Bienen wollen summen. Kinder wollen fernsehen.

Also sage ich: »Wenn du gewinnst, darfst du zur Belohnung bestimmen, was ich nachher wähle.« Hat die Welt jemals einen Siebenjährigen gesehen, der das allererste Monopoly-Spiel seines Lebens gewonnen hätte? Das ist so unwahrscheinlich wie eine absolute Mehrheit für die FDP. Die Eltern protzten denn auch mit Schlossallee und Parkstraße, während das Kind sich trotzig an das öde Wasserwerk und den nichtsnutzigen Nordbahnhof klammerte.

Das Kind verlor. Es verlor deutlich. Dann weinte es. Oh, wie das Kind weinte. Oh, wie schrecklich ist es, Kinder weinen zu sehen.

Ich sagte: »Na gut.«

Das Kind lachte wieder. »Schröder, Schröder!«, krähte es fröhlich.

»Schmink dir das ab, Schröder steht nicht zur Wahl«, antwortete ich, ein bisschen unwirsch womöglich. »Dann eben SPD«, sagte das Kind. Wir haben ihm zu früh zu vieles beigebracht. Jetzt ist es klug und kennt die größeren Zusammenhänge.

Auf dem Weg zum Wahllokal regnete es. Leere Straßen. Die Eltern mit ihren Kindern saßen zu Hause. Überall wurden Spiele gespielt. Überall weinten die Kinder.

Ich machte dem Kind Vorwürfe. »Du bist immer für die Stärksten. Du bist nur deshalb für Schröder, weil er regiert. Du bist nur deshalb für Bayern München, weil es oben steht. Man muss aber auch an die Schwachen denken. Bochum. Energie Cottbus. Die Grünen.«

Das Kind fragte: »Ist die SPD in Berlin denn auch so stark?« Ich schwieg.

Im Wahlbüro saßen die Wahlhelfer, ein Potpourri freundlicher Damen und Herren im Sonntagsstaat. Ich nahm den Wahlzettel. »Darf ich mit in den Holzkasten?«, fragte das Kind. »Eigentlich ist es nicht erlaubt«, antwortete die Königin der Wahlhelfer mit huldvollem Lächeln. »Aber wir drücken mal ein Auge zu.«

Als wir aus der Kabine kamen, steckten wir den Umschlag mit dem Wahlzettel in die Urne. Das Kind rief: »Er hat SPD gewählt, weil ich im Monopoly gewonnen habe, deswegen durfte ich bestimmen, was er wählt, und ich habe es genau kontrolliert. Schröder siegt, Schröder ist der Beste!«

Ich packte das Kind und zog es eilig fort, Wahlhelfer zurücklassend, die Anstalten zu einer unfreundlichen Zusammenrottung machten. Diese Berliner Kommunalwahl war ungültig. Das stand fest. Verletzung des Wahlgeheimnisses, Stimmenkauf, verbotene Parteienwerbung im Wahllokal, da kamen sämtliche denkbaren Verstöße zusammen. Es waren südamerikanische Verhältnisse. Bei der nächsten Wahl würden die Vereinten Nationen Jimmy Carter als Beobachter nach Charlottenburg schicken. »Außerdem hast du geschwindelt, du hast im Monopoly gar nicht gewonnen«, so schalt ich das Kind. Aber kam es auf dieses letzte Detail der Verdorbenheit noch an?

Am Abend erfuhren wir: Die SPD hatte 22,4 Prozent bekommen, noch ein Prozent weniger als bei der letzten Niederlage. Inklusive der gekauften Stimme. Von Unregelmäßigkeiten in Charlottenburg war allerdings im Fernsehen nicht die Rede. Offenbar hatten die anderen Parteien darauf verzichtet, die Wahl anzufechten, weil ihnen das mit unserer Hilfe geschönte Ergebnis der Sozialdemokratie auch in der manipulierten Variante deprimierend genug erschien. Sie vertuschten es einfach.

Auf diese Weise verlor ein Kind den Glauben an freie Wahlen und lernte, dass es nur eines gibt, worauf in Deutschland Verlass ist: die Schlossallee und die Parkstraße mit jeweils einem Hotel darauf.

DER ELBRUS

In Oberwiesenthal lag echter Schnee. Guter deutscher Qualitäts-Schnee. Alles weiß. Zufrieden legten wir uns ins Bett. Am nächsten Morgen war draußen vor dem Ferienwohnungszimmer immer noch Oberwiesenthal, nur gänzlich schneefrei. Das gefürchtete Oberwiesenthaler Tauwetter argumentiert radikaler als die Taliban-Miliz und zieht schneller als Billy the Kid.

Auf der anderen Seite des Tales aber liegt Tschechien. Der Tscheche hat es bitter kalt, denn er siedelt auf der Nordseite. Das tschechische Skigebiet bildet eine interessante Mischung aus Tirol und Aldi: einerseits reichlich Schnee, andererseits Skipässe zum Preise von umgerechnet 17 Pfennigen. Ein böhmisches Bier kostet vier Pfennige, ein original böhmisches Mahl mit Knofidel-Datscheln und Rasnowitzkygemüse in Schmalz-Sud mit Blaubier kostet sieben Pfennige. Ein typischer tschechischer Wintersportort besteht aus mehreren Skiliften, einer Skihütte, einem von Vietnamesen betriebenen Großmarkt mit den Themenschwerpunkten Zigaretten und niederpreisige Textilien, einer Tankstelle sowie acht oder neun Nachtbars, in deren Fenstern rote Neonherzen blinken. Es ist schon ein bisschen anders als in den Alpen.

Wir sind begeisterte Wintersportler, das Kind und ich. Und Oberwiesenthal ist das Berlin nächstgelegene Wintersportparadies. Es befindet sich am Fuße des

Fichtelberges, mit 1214 Metern quasi der Elbrus des Erzgebirges. Wussten Sie, dass der höchste Berg Europas Elbrus heißt? 5633 Meter, ein ganzes Stück höher als der Montblanc. Liegt im Kaukasus. In Oberwiesenthal vertritt die Bevölkerung nahezu einmütig die Auffassung, dass der Kaukasus zu Europa gehört.

Oberwiesenthal besitzt außerdem Deutschlands älteste Kabinenbahn, sie fährt noch im Sütterlinstil, dazu zwei blutjunge Sessellifte mit rosa lackierten Fußnägeln, die während der Fahrt immer kichern, einige wortkarge, grau melierte Schlepplifte sowie Pisten, so weit das Auge blickt. Man erreicht Oberwiesenthal als Berliner nach nur vierstündiger Autofahrt, wovon zwei Stunden bei der Durchquerung einer Gegend aus Fabrikruinen, Knackwurstbuden und hammerharten Einkaufscentern draufgehen, die ohne weiteres »Stirb langsam, Teil 4« heißen könnte. Die Einheimischen nennen es »Chemnitz«.

Wir sind dann trotzdem Ski gelaufen, auf einer nur zwanzig Zentimeter breiten Schneespur. Denn wir können`s halt. Leider ist mir bereits in der ersten Kurve die Bindung aus dem Ski gekracht – brech, stürz – , es war noch eine original DDR-Bindung, Marke Diamant oder Grauer Mönch oder wie die Bindungen in der DDR eben hießen.

Es gibt in Oberwiesenthal auch die vermutlich einzige deutsche Blockhütte im kaukasischen Stil, erbaut von jenem kühnen Mann, der in den siebziger Jahren als erster Deutscher auf Skiern vom Gipfel des Elbrus abgefahren ist. Hinter der kaukasischen Blockhütte befindet sich eine Rodelbahn. Wer für zehn Mark in der kaukasischen Hütte gegessen und getrunken hat, kriegt zur Belohnung einen Bon für die Rodelbahn. Beim nächsten Zehner: der nächste Bon. Man sieht folglich Eltern bis zur Besinnungslosigkeit kaukasische Feinkost in sich hineinschaufeln oder -schütten, unter den ungeduldigen Augen ihrer Kinder, die alle paar Minuten den neuen Bon in Empfang nehmen und begeistert zur Rodelbahn eilen. Generationenkonflikt, mal anders. Oops, Herr Wirt, bringe er noch eine Runde Wolfsbuletten im Birkenholzmantel!

ELITE

Wie viel Fernsehen ist erlaubt? So heißt die alles beherrschende pädagogische Grundfrage der letzten Dekaden. Ohne zu übertreiben, darf ich behaupten, dass die Fernsehfrage in den vergangenen 50 Jahren sämtliche anderen, traditionellen pädagogischen Probleme in den Hintergrund gedrängt hat – die Frage der sexuellen Aufklärung, die Frage nach dem Taschengeld, nach dem Respekt der älteren Generation gegenüber, ob man vom Tisch aufstehen darf, während die Eltern noch essen, und so weiter. Diese Fragen sind mehr oder weniger geklärt oder werden inzwischen als unwesentlich angesehen.

In der Pädagogik ist heute die Fernsehfrage das, was in der europäischen Politik lange Zeit die deutsche Frage gewesen ist. Solange die Fernsehfrage offen ist, wird es im Verhältnis zwischen Erwachsenen und Kindern keine dauerhafte Stabilität geben.

Kinder wollen möglichst viel fernsehen. Eltern dagegen möchten, dass ihre Kinder nicht zu sehr fernsehen. Dies ist die Ausgangsposition in nahezu sämtlichen Familien der mittleren und oberen Schichten unserer Gesellschaft. Ein klassischer Interessenkonflikt, ein Grundwiderspruch oder Antagonismus, wie ihn die Gesellschaft des 19. Jahrhunderts zwischen Bourgeoisie und Proletariat gekannt hat oder wie wir ihn in der Natur alle Tage erleben – im Futterstreit zwischen Löwe und Hyäne in Afrika oder zwischen Schafherden und Kängurus in den Weiten Australiens.

Wer setzt sich durch? Oder, mit Lenin zu sprechen: wer wen?

Unsere Beobachtungen haben uns zu einem auf den ersten Blick überraschenden Ergebnis geführt. Der höchste Fernsehkonsum ist in den vergangenen Jahrzehnten bei den willensstärksten, hartnäckigsten, durchsetzungsfähigsten und psychologisch-taktisch klügsten Kindern zu verzeichnen gewesen, mit anderen Worten: bei Kindern, deren Persönlichkeitsstruktur auf eine spätere Führungsposition hindeutet. Der Zusammenhang leuchtet unmittelbar ein: Während das weniger durchsetzungsfähige Kind irgendwann wegen des Widerstandes der Eltern resigniert und seine Fernsehwünsche den elterlichen Vorgaben murrend anpasst, denkt das willensstarke Kind keine Sekunde an Kapitulation. Das willensstarke Kind ringt im Gegenteil den elterlichen Widerstand gegen das Fernsehen in zähem, langwierigem und erfindungsreichem Kampf nieder. In der Auseinandersetzung um »Wetten dass«, um »Wer wird Millionär« oder um den »Tigerenten-Club« erprobt die zukünftige deutsche Elite spielerisch jene Durchsetzungs-, Machteroberungs- und Machterhaltungsstrategien, die ihr später im beruflichen Aufstieg den entscheidenden Vorsprung sichern.

Seit etwa 30 Jahren besteht also ein empirisch nachweisbarer Zusammenhang zwischen erhöhtem Fernsehkonsum in der Kindheit und späterem beruflichen Erfolg. Um es noch einmal ganz klar zu machen: Nicht etwa deshalb, weil die Inhalte des Fernsehens in irgendeiner positiven Weise persönlichkeitsbildend oder karrierefördernd wären. Sondern einzig und allein deshalb, weil das gegen erbitterten elterlichen Widerstand fernsehende Kind genau die starke, durchsetzungsbereite Persönlichkeitsstruktur besitzt, schult und weiter ausbildet, die es für eine Führungsposition prädestiniert.

Deswegen gilt das Gesagte auch nur für Kinder aus Mittel- und Oberschicht, wo noch das traditionelle Ressentiment gegen das Fernsehen gepflegt wird, zumindest in der Theorie, und was die Kinder betrifft – in der Praxis ist man in der heutigen Elterngeneraton ja meist selber Fernsehkind gewesen. Bei proletarischen Familien, wo das fernsehende Kind auf keinen nennenswerten Widerstand mehr stößt, gibt es diesen Zusammenhang nicht.

Was folgt daraus für unsere Gesellschaft und die Pädagogik? Gestatten Sie mir drei Thesen.

Erstens. Der elterliche Widerstand gegen das Fernsehen ist unbedingt beizubehalten, auch wenn er noch so aussichtslos sein mag. Sein Wert für die Persönlichkeitsbildung ist unschätzbar.

Zweitens. Ich plädiere für die Einrichtung von Führungsakademien für viel fernsehende Kinder aus den Mittel- und Oberschichten. Sie sind unsere künftigen Eliten. In diesen Akademien sollte großer Wert auf den klassischen Bildungskanon und auf die Ethik-Erziehung gelegt werden, beides kommt bei Fernsehkindern häufig zu kurz, ist aber wünschenswert bei Führungspersönlichkeiten. Als Pädagogen kommen nur erbitterte Fernsehhasser des ältesten Schlages in Frage. Die Kinder sollten dort ihren Fernsehkonsum gegen härtesten Widerstand erkämpfen müssen. Das wird ihr Durchsetzungspotenzial und ihr psychologisch-taktisches Qualifikationsniveau weiter erhöhen. Mit den Absolventen dieser Akademien wird sich Deutschland auf dem Weltmarkt und in der Weltpolitik wieder einen führenden Platz erobern.

Drittens. In den Kinder-Fernseh-Akademien ist ein gesonderter Sportzug einzurichten, mit dem Schwerpunkt Fußball. Wir müssen das Potenzial der willensstarken, taktisch flexiblen Vielfernseher auch dazu nutzen, um der Krise der deutschen Fußball-Nationalmannschaft endlich ein Ende zu setzen. Falls es einen neuen Beckenbauer unter unseren Jungs gibt, dann ist er ein Fernsehkind.

ERZIEHUNG

Kinder? Ich hasse sie. Ich bin ihr natürlicher Feind, wie ein alter Uhu der natürliche Feind jeder Feldmaus ist.

Ich hasse es, wenn sie mit schokoladeverschmierten Fingerchen auf der Computertastatur herumpatschen. Es ist widerlich, ihnen beim Essen zuzuschauen. Sie machen Lärm, sie schmutzen. Sie sind penetrant, sie respektieren keine Grenzen, sie lassen nicht locker. Sie haben diese unerschöpfliche destruktive Energie.

Kinder versuchen, ihre Interessen rücksichtslos durchzusetzen. Und wenn die ganze Welt dabei kaputtgeht. Kurzum, in jedem Kind steckt ein kleiner Saddam Hussein, und ich bin General Schwarzkopf.

Damals, als wir noch kein Kind hatten, sind wir einmal mit unserer Freundin Claudia essen gegangen. Es war wohl ein schwäbisches Restaurant, ich kann mich jedenfalls an Maultaschen erinnern. Rudolph, Claudias Sohn, war damals vier. Im Restaurant nahm Rudolph den Salzstreuer und schüttete große Teile des Inhalts über meine Maultaschen. Claudia lächelte. Rudolph lachte.

Dann kroch Rudolph auf dem Boden umher, zwischen den Beinen der Gäste. Auch die Gäste lächelten, wenngleich ein wenig mühsam. Einem der Gäste wollte Rudolph einen Schuh ausziehen. Das Opfer hob hilflos seine Füße. Man kann in einem Restaurant schlecht die Schuhe auf den Tisch legen. Der Gast versuchte,

Rudolph zu ignorieren. Diese Methode funktioniert bei Kindern nur selten.

Mit dem Schuh in der Hand bewegte sich Rudolph in Richtung Küche. Wir vernahmen metallische Geräusche. Es klang nach Blechtöpfen, die auf einen gefliesten Boden fallen. Jetzt stand Claudia auf. Mit dem zappelnden, lebhaft um sich schlagenden Rudolph auf dem Arm kehrte sie zum Tisch zurück und erläuterte ihr pädagogisches Konzept. Das Kind, sagte sie unter Keuchen, solle zu einem autonomen, angstfreien und selbstbewussten Charakter heranwachsen. In der Küche habe sie nur deshalb eingegriffen, weil Rudolph dort Gefahr drohe. Da passe sie natürlich auf. Sie reichte dem Tischnachbarn lächelnd seinen Schuh.

Dann sprach sie über die Italiener. Wie toll die Italiener mit ihren Kindern umgehen. So selbstverständlich und entspannt. Oder Portugal. Überhaupt, der Süden. Da dürfen die Kinder sich frei entfalten. Währenddessen blies Rudolph mit seinem Strohhalm in sein Fanta-Glas, Limonadespritzer benetzten die Südseite der Salzkruste meiner Maultaschen.

An diesem Tag schwor ich mir, niemals Vater zu werden. Ich wollte mich lieber selber frei entfalten. Ich wollte ein Leben lang ungestört Maultaschen essen und mich auf diese Weise zu einem angstfreien Charakter entwickeln. Und dieses Sprechblasenwort »Autonomie«! Die Palästinenser sollen meinetwegen autonom sein. Autonome Individuen dagegen sind Nervensägen, die sich selber wahnsinnig wichtig nehmen und rücksichtslos ihr Ding durchziehen. Hera Lind ist autonom.

Unter der Flagge der Autonomie hatten die Kinder in vielen Familien, die wir kannten, die Regierung übernommen. Ihre Bedürfnisse hatten immer Vorrang.

Selbstverständlich soll man auf die Bedürfnisse von Kindern eingehen, sagte ich mir. Aber in einem vertretbaren Maß. Ein Kind soll Erwachsenen zum Beispiel auf gar keinen Fall Salz über ihre Maultaschen schütten.

Bei dem Wort »Erziehung« zucken wir immer noch zusammen, wir Gewächse der sechziger und siebziger Jahre. Wenn wir eine Begebenheit aus unserer Kindheit erzählen, in der unsere Eltern vorkommen, dann erzählen wir sie meistens als Horrorgeschichte. Von Sigmund Freud haben wir gelernt: Kinder sind Opfer, Eltern sind Täter. Wir wollten deshalb nie wirklich Erwachsene werden, also Eltern, die verbieten, die an Kinder andere Maßstäbe anlegen als an sich selbst. Aus der ewigen Schlacht der Generationen – Jung gegen Alt – wollten wir desertieren, wir wollten unseren Kindern Kumpel sein, Freunde, Vertraute. Aber die Kinder suchen sich andere, echte Kumpel, in ihrem Alter. Was sie von ihren Eltern brauchen, ist wahrscheinlich etwas anderes.

Ein Kind zu haben ist manchmal die letzte Chance, erwachsen zu werden.

Justus, zweieinhalb, schlug gern zu, auch das Ziehen an fremder Leute Haaren machte ihm Spaß. Diese

Phase machen sie fast alle mal durch. Justus` Eltern waren allerdings der Ansicht, dass es die Entwicklung ihres Sohnes zu einer autonomen Persönlichkeit beeinträchtigen könnte, wenn sie ihm diese Dinge allzu heftig verbieten.

Lass das mal besser, Justus, pflegte sein Vater allenfalls zu sagen. Oder er fragte misstrauisch: Sag mal, warum ziehst du denn dauernd die Julia an den Haaren? War die Julia böse zu dir?

Früher hätte Justus vielleicht große Brüder gehabt, die ihm beim Griff an ihre Haare eins reinsemmeln. Justus hätte geheult, und er hätte etwas begriffen – es gibt Grenzen, die Überschreitung dieser Grenzen kann unangenehme Folgen haben. Diese Erfahrung werden viele der vergötterten, betütelten Einzelkinder von heute erst später machen, dann, wenn sie den warmen Schoß der Kleinstfamilie verlassen.

Damian, fünf, pflegte sich auf den Boden zu werfen und zu schreien, sobald er Widerstand gegen seine Wünsche spürte. Er machte es richtig, denn es wirkte. Damians Eltern, sanfte Mittelklassemenschen um die vierzig, besaßen kein Gegenmittel. Sie litten. Sollten sie grob werden, strafen, brüllen? Kommt nicht in Frage. Damian toben lassen, bis er erschöpft aufgibt? Damian hatte eine Menge Power. Also vermieden sie es, ihn zu provozieren, und er durfte tun, was er wollte.

Beim Einkaufen trafen Damians Eltern alte Bekannte. Uns. Damian lief strahlend auf sie zu, randvoll mit

Vorfreude, und trat dem fremden Mann mit aller Kraft gegen das Schienbein. Lass das mal besser, murmelte Damians Vater im üblichen verlegenen Ton. Der fremde Mann schwieg, aus Feigheit. Anstatt zu sagen: »Haltet diese Höllenbrut zurück, oder ich stopfe sie in den Altglascontainer da drüben und übergieße sie mit Steaksoße.« Das wäre ein Tabubruch gewesen, vergleichbar mit dem Hissen der Reichskriegsflagge auf dem Evangelischen Kirchentag. Erwachsene haben sich über Kinder nicht zu beschweren.

Damian genoss allumfassenden Schutz, Fürsorge im Übermaß. Wenn er auf dem Spielplatz in eine Rangelei geriet, eilte seine Mutter mit Blaulicht und Sirene zu Hilfe. Dann konnte sie, die sonst so sanft war, aggressiv werden – gegen das fremde Kind, versteht sich. Für Damian gab es, in welcher Lebenssituation auch immer, niemals ein Risiko.

Eines Abends hatten seine Eltern Gäste, und Damian stopfte einem von ihnen kleine Bonbons der Marke Tic Tac ins Ohr. »Lass das mal besser«, sagte sein Vater. Der Gast lächelte höflich. Am Ende fand sich die Abendgesellschaft in der Notaufnahme eines nahe gelegenen Krankenhauses wieder, wo ein junger Arzt mit einem langen Spatel die Bonbons aus dem Gehörgang des Gastes fischte. »So was hatten wir hier noch nie«, rief der Arzt begeistert. Die Entfernung von klebrigen, eingespeichelten Gegenständen aus dem Innenbereich des menschlichen Ohres sei ein noch völlig unerforschtes Gebiet der Heilkunde, da habe er endlich einmal echte Pionierarbeit leisten dürfen. Dann strich der Arzt Damian übers Köpfchen und reichte ihm ein Bonbon. »Na, wie sagt man da?«, fragte sein Vater im üblichen verlegenen Ton. Und Damian holte, in Richtung des Arztes, mit seinem rechten Bein weit aus.

Inzwischen liebe ich natürlich Kinder. Vor allem mein eigenes, die Sonne meiner mittleren Jahre. Die Liebe ist aber fast immer eine komplizierte und widersprüchliche Angelegenheit.

David war sechs, er kaute an einer Pizza und wollte uns gleichzeitig etwas über sein neues Asterix-Heft erzählen. Kleine Pizzabröckchen flogen umher, sie zogen Schlieren auf meiner Brille und wirbelten Richtung Weinglas. »Sprich nicht mit vollem Mund«, sagte ich und erstarrte im selben Moment zur Salzsäule. Wie gut ich diesen Satz aus Kindertagen kannte, und nun sagte ich ihn selber! Sprich nicht mit vollem Mund. Was war aus mir geworden? Andererseits: Besser und prägnanter als mit diesen Worten kann man es nicht ausdrücken. Und es ist eindeutig eine schlechte Sache, wenn irgendwo auf der Welt Verhältnisse herrschen, bei denen unsereinem Pizza auf der Brille klebt.

DIE FÄRÖER-INSELN

Heute fühlen wir uns alt. So alt. Zu alt. Frauen, schaut euch die Männer an. Ihr seht in die Werkstatt der Vergänglichkeit hinein. Seht ihr, wie die Zeit die Männer zu Spinnenkot zermalmt? Hört ihr, wie ihre welken Ideale auf den Küchenboden rieseln?

Vor allem das Wetter ist es, das die Männer alt aussehen lässt.

Weil das Wetter schlecht ist, spielen die Männer mit ihren Söhnen an der Play-Station. Und wie sehr der kognitive Apparat des Knaben dem kognitiven Apparat des Mannes jenseits der vierzig überlegen ist, beweist nichts so deutlich wie ein Videospiel. Zweifellos ist das Kind noch keine so differenzierte Persönlichkeit wie unsereins. Aber seine Händchen fliegen schneller durch die Lüfte als jeder differenzierte Gedanke. Nein, die wichtigen Bücher haben sie nicht gelesen. Aber sie sind der Hans Magnus Enzensberger des Joysticks.

Am liebsten spielen das Kind und ich »FIFA«. In diesem Videospiel sind sämtliche Bundesligamannschaften und fast alle Fußballnationen mit den Original-Spielern gespeichert. Die Spiele sehen fast so echt aus wie im echten Fernsehen, mit verschiedenen Kameraeinstellungen, mit Wiederholung der Torszenen in Zeitlupe, mit Werbung auf den Banden, für die von den Firmen an die Hersteller des Videospiels echtes Geld bezahlt worden ist. Man selber ist einer der Spieler. Die Sportreporter Wolf-Dieter Poschmann und Werner Hansch kommentieren.

Natürlich wiederholen sie sich oft, denn ihre Sätze sind gespeichert. Zu Beginn jeder Partie sagt Wolf-Dieter Poschmann zum Beispiel: »Wir freuen uns auf eine temporeiche Partie«. Immer, wenn ein toller Trick gelungen ist, ruft Werner Hansch verblüfft: »Das war nicht leicht.« Dann, nach einer kleinen Pause: »Aber er lässt es leicht aussehen.«

Am Anfang deklinierten wir die Klassiker durch. Deutschland gegen England endete 16:2. Das Kind war Deutschland. Niederlande gegen Italien ging 7:0 aus, das Kind war die Niederlande. Dies kam uns bald unrealistisch und fad vor, obwohl Wolf-Dieter Poschmann unermüdlich versicherte: »Wir freuen uns auf eine temporeiche Partie«. Dann fanden wir heraus, dass die Spielstärke der Mannschaften im Computer ungefähr ihrer Spielstärke im echten Leben entspricht. Die Gurkentruppen haben das Gurkenartige in sich eingespeichert bekommen, sie besitzen sozusagen ein Gurken-Gen.

Das Kind spielte also die Färöer-Inseln, deren Spielstärke in der Play-Station gegen Null tendiert. Es erreichte ein sensationelles 2:2 gegen Brasilien. Und dies war nur eine Zwischenphase. Inzwischen siegt das Kind mit den kümmerlichsten Zwergstaaten. San Marino deklassiert Frankreich. Die Vereinigten Arabischen Emirate überrollen Deutschland. Das muntere, laufstarke Malta macht ohnehin alle platt. Mit Interesse haben wir registriert, dass die echten Färöer-Inseln bei den echten Länderspielen der letzten Zeit eine ganz gute Figur machen. Da ist aus unserer Play-Station ein Virus übergesprungen.

Wir haben nachgeschaut, die Hauptstadt der Färöer-Inseln heißt Tórshavn. Die größten Inseln heißen Streymoy, Suðuroy, Sandoy, Vagoy und Borðoy. Zu den wichtigsten Ausfuhrgütern gehören eine Gelatine, die aus aus den Schwimmblasen von Fischen gemacht wird, sowie die Federn des Papageientauchers.

Das Kind hat sich leider an seine Siege gewöhnt und findet sie keineswegs langweilig. Am schlimmsten ist freilich Werner Hansch. Während der Mittelstürmer der Färöer-Inseln, ein gewisser Eliasen, an Scholl, Deisler und Oliver Kahn vorbeidribbelt und den Ball zum 9:0 einschiebt, färöisch: nøn zu nøl, ruft Werner Hansch ein um das andere Mal fröhlich: »Das war nicht leicht. Aber er lässt es leicht aussehen.«

DAS FERNSEHEN

Seit es die Sendung »Wer wird Millionär« mit Günther Jauch gibt, haben wir ein neues Spiel. Wir kleiden die wichtigen Entscheidungen und Grundsatzfragen des Alltags in die Günther-Jauch-Form. Die Anfangsfragen sind bei Günther Jauch immer ein bisschen dämlich.

Dies ist jetzt also die Fünfzig-Pfennig-Frage. Wer wird gleich sein Zimmer aufräumen und alle Akten vernichten, in denen gefährliche Staatsgeheimnisse stehen? Ist das

A. Bundeskanzler Schröder

B. Altbundeskanzler Kohl

C. Der amerikanische Präsident oder

D. Dieses Kind hier

Darüber lacht das Kind, und das ist fürs Zimmeraufräumen schon mal der bestmögliche Anfang. Die Zwei-Mark-Frage ist selbstverständlich anspruchsvoller.

Wie heißt der amerikanische Präsident?

A. Baum

B. Busch

C. Bambus

D. Blume

Dies also ist unser Kinder-Allgemeinbildungs-Aufbauprogramm. Die Gewinne sind virtuell und gelangen nicht zur Auszahlung. Auch von dem zynischen & menschenverachtenden Spiel »Big Brother« hat das Kind gehört, es findet die Spielidee superspannend. Kinder sind für zynische & menschenverachtende Spiele seit jeher zu haben. Monopoly, Hau den Lukas, Tortenschlacht, Cowboy und Indianer, keines dieser Spiele qualifiziert seinen Erfinder für den Friedenspreis des Deutschen Buchhandels.

Im Mutterleib durchläuft der Embryo bekanntlich im Eiltempo die verschiedenen naturhistorischen Entwicklungsphasen, er fängt als Kaulquappe an, dann sieht der Embryo wie ein Alligator aus, schließlich wie ein Koalabär. Nach der Geburt durchläuft das Kind im Zeitraffer die verschiedenen historischen Entwicklungsstufen. Es fängt als Neandertaler an, der grunzt und schmutzt und immer nur an die nächste Mahlzeit denkt. Dann wird das Kind zum Römer, es errichtet aus seinen Klötzchen großartige Bauwerke, es liebt den Zirkus und die Bäder, versklavt alle, die in der Nähe sind, hat eine Tendenz zur Grausamkeit und erweitert ununterbrochen das Imperium. In der dritten Phase ist das Kind Seefahrer und Entdecker, 16. Jahrhundert. Es lernt die Wissenschaften kennen, hat klare Vorstellungen, wie alles zu laufen hat, und kann in Weltanschauungsfragen extrem intolerant sein.

Wenn es mit Kindern Probleme gibt, die einem das Nervenkostüm zerfetzen, sagt man sich am besten: Es ist nur eine Phase! Es ist nur eine Phase! Dies sage man etwa zwanzigmal leise zu sich selber.

In der Menschhheitsgeschichte funktioniert es genau so. Es ist alles immer nur eine Phase. Nur hilft einem das natürlich wenig, wenn man als Sklave bei den Römern in der Arena steht, einen Dreizack in der Hand, gleich kommen die Löwen, und man sagt sich: In ein paar hundert Jahren werden die Leute das, was hier gerade abläuft, für völlig indiskutabel halten.

Ohne eine Prise Grausamkeit wäre ein Kind vermutlich kein richtiges Kind, sondern ein gefährliches Alien. Es gibt einen Film mit lauter netten, braven Kindern, die in Wirklichkeit alles Aliens sind mit erbsensuppenähnlichem Blut. Vielleicht ist ja auch Justizminister Schily ein Alien, weil er am Anfang so wild gegen »Big Brother« gekämpft hat.

Können Kinder »Big Brother« anschauen? Wir sind allem Neuen grundsätzlich aufgeschlossen, das sauertöpfische Pädagogentum ist unsere Sache nicht. Aber in der ersten Folge der ersten Staffel sah man eine blutjunge Potsdamerin, die am Frühstückstisch saß und Kaffee einschenkte, während sie gleichzeitig Telefonsex, sagen wir mal, ausübte.

»Ouuhh« stöhnte die blutjunge Potsdamerin in ihr Handy hinein und »ahhh, komm, du« und »Ich bin ja so heiß«, während ihr zerstrubbelter Freund im Hintergrund Marmeladenbrote schmierte. Von dieser Kandidatin ging eine Aura aus, die Kinder, welche gerade das Telefonieren lernen, verunsichern könnte. Ein Telefon tut nicht weh, ein Telefon macht nicht heiß. Für die junge Potsdamerin war es aber nur eine Phase.

Habe ich schon erwähnt, dass wir knallharte Burschen sind, das Kind und ich? Deshalb wird das Kind fast nie krank. Andere Eltern können anrührende Geschichten erzählen über durchwachte Nächte an fieberglühenden Bettchen. Unser Kind dagegen hat von Geburt an ein Immunsystem wie Luis Trenker. Seine Krankheiten bestehen aus Löchern im Kopf, aus Nasenbluten nach Raufereien oder, wie jetzt, aus einem gebrochenen Handgelenk, infolge Snowboardens. »Ha!«, sage ich, »du bist der jüngste Sportunfall Berlins! Und ich werde irgendwann der älteste Sportunfall Berlins sein, denn wir sind vom gleichen Holze. Womöglich kommen wir irgendwann sogar in die gleiche

A. Wiederaufbereitungsanlage

B. Müllverbrennungsanlage

C. Rehaklinik

D. Jugendstrafanstalt,

das wäre prima, oder?« Das Kind antwortet: »Aua, aua. Seufz. Stöhn.«

Ein krankes Kind, was tun? Ich habe die gute alte Stadtbibliothek wiederentdeckt. Es gibt dort auch Tonkassetten und Videofilme, ohne Telefonsex darin und obendrein billiger als in Videotheken. Tschechische Märchenfilme, Loriot, Pippi Langstrumpf, solche Sachen. Die Kassetten eiern manchmal ein bisschen, die Stadtbibliotheken haben wenig Geld und riechen nach kalter Erbsensuppe. Schimmelfleckige Bibliothekarinnen in kunstgestopften Baumwolljäckchen und mit selbst gebastelten Brillen aus Stanniolpapier schlurfen über Pegulan- und Dragulanböden, wischen sich Wollmäuse aus den Augenwinkeln, tippen Ausleihkärtchen auf handgeschmiedeten Schreibmaschinen aus dem Erzgebirge, und wenn man sie anspricht, dann fragen sie schüchtern, wie man das letzte Wunschkonzert mit Hans Albers gefunden hat. Das sind die Berliner Bibliotheken. Der Staat braucht sein Geld nun mal dringender für andere Sachen. Wir hoffen sehr, dass Innenminister Schily die Videoabteilungen in den Stadtbibliotheken nicht verbietet, denn er hat gesagt: »Zu viel Fernsehen schadet der

A. Wirtschaft
B. Gesundheit
C. Freiheitlich-demokratischen Grundordnung
D. Liebe zu unserem Vaterland.«

Richtig ist Antwort B. Aber was der Minister sagt, ist Quatsch. Fernsehen schadet nicht der Gesundheit, es nützt ihr. Wenn unser Kind nicht Snow geboardet hätte, sondern ferngesehen, dann wäre es heute pumperlgesund und würde nicht ächzend im Bettchen liegen, und ich müsste nicht in die Stadtbibliothek, um »Münchhausen« mit Hans Albers auszuleihen.

Auch »Big Brother« ist, wie man inzwischen weiß, nur eine Phase gewesen. Falls diese Geschichte hier ein bisschen wirr und unstrukturiert erscheint, so hängt dies damit zusammen, dass sie versucht, das Prinzip des Zapping ins Schriftdeutsche zu übertragen. Was denn, das merkt man nicht?

FEUER

Bei kaum einem Gegenstand fällt der Unterschied zwischen den Männern und den Frauen so deutlich ins Auge wie beim Feuer. Das heißt – gehört das Feuer überhaupt zu den Gegenständen? Richtig, es ist ein Element. Feuer: das männliche Element. Die Frauen sollen ruhig die ganzen übrigen Elemente kriegen, Wasser, Luft, Erde, da legen wir keinen Wert drauf. Vor allem nicht auf die Erde, weil bei den 50-Liter-Säcken mit Erde immer im Treppenhaus die Plastikfolie platzt, dann heißt es aufkehren und feucht nachwischen. Nein: Ihr Frauen, nehmt euch die Erde. Nehmt sie ganz.

Das Kind liebt Feuer. Der Vater liebt Feuer. Die Frau mag Feuer weniger. Es ist ihr wesensfremd, ihr nicht gemäß, oder, wie man heute sagt: nicht ihr Ding. Die Frau scheut das Feuer, sie möchte es einfrieden, im Herd domestizieren, zum Sklaven der Suppenküche herabwürdigen. Die Frau empfiehlt, unsere Obsession auf öffentlichen Grillplätzen auszuleben.

Das Feuer aber, das auf einem öffentlichen Grillplatz brennt, ist ein erbarmungswürdiger Anblick, wie der Panther im Zoo. Nein: Feuer will frei sein.

Wir zünden gern Lagerfeuer an. Die moderne Zivilisation gestattet das Entzünden von Lagerfeuern in der Regel nicht. Es gibt eine Vielzahl staatlicher Vorschriften, die das Feuermachen in von Menschen bewohnten Gegenden verbieten, und nur solche kommen für uns als Feuerstelle in Frage, denn in von Menschen unbewohnte Gegenden kommen wir so gut wie nie. Diese Vorschriften werden nicht einmal von der Antivorschriftenmacherpartei FDP in Frage gestellt, da macht der Einfluss der FDP-Frauen sich bemerkbar.

So ist das gemeinsame Feuermachen von Vätern und Söhnen in die Gesetzlosigkeit gedrängt worden. Doch längst hat sich in Deutschland eine illegale, facettenreiche Feuermacherszene entwickelt, deren Mitglieder ihre Vorlieben an geheimen Zeichen erkennen. Ein rußgeschwärzter Daumen bedeutet: Ich bin ein Feuerstocherer, ich liebe es, mit Holzstäben tief in das rot glühende, fast schon zerfließende Brenngut hineinzustoßen und es um und um zu wühlen. Die gesplitterten Fingernägel verraten den Grubenfeuerer, der seiner Leidenschaft an windigen, zum Feuermachen an sich wenig geeigneten Orten frönt, auf stürmischen Höhen oder windgepeitschten Salzwiesen. Dort gräbt er mit seinen nackten Händen eine Erdgrube, in der er trotz alledem sein Feuer entzündet. Grubenfeuerer sind starke Persönlichkeiten. An den versengten Augenbrauen erkennt sich die kleine, verschworene Gruppe der Feuerschnupperer, die den Brandgeruch über alles liebt.

An den Stränden südlicher Inseln, wo das Polizeiregime nach der sympathischen Devise »Laissez faire, laissez brûler« verfährt, haben das Kind und ich prachtvolle ozeanische Feuer entzündet, zwei Meter hohe Monumente unserer Leidenschaft, denn es gibt zum Feuermachen kaum etwas Geeigneteres als trockenes Schwemmholz. In Berlin ist uns nur das eine oder andere Kleinfeuer gelungen, meist unter Zeitdruck, denn die Kontrollen der Feuerpolizei werden in Berlin unablässig verschärft. Was heute noch in der Szene als sicherer Ort von Mund zu Mund ging, kann schon morgen verraten und verdorben sein.

Der – in diesem Fall muss das Klischeewort erlaubt sein – Kultfilm unter uns Feuermachern heißt »Verschollen«, mit Tom Hanks. Er ist frei ab zwölf, eine weitere Schikane der Feuerpolizei, denn weder Gewalt noch Sex spielen in »Verschollen« eine nennenswerte Rolle. Während des weitaus größten Teiles der Handlung befindet sich Tom Hanks als Flugbrüchiger allein auf einer Insel, und weder in Hinsicht auf Gewalt noch sexuell lässt sich aus so einer Lebenssituation ein Funke schlagen, zumindest keiner, der einen zweistündigen Spielfilm rechtfertigt. Aber feuermäßig! Die Schlüsselszene von »Verschollen« führt das klassische Feuermachen vor, durch Reibung, das anschließende Entzünden eines gewaltigen Signalfeuers, und den Tanz von Tom Hanks um dieses Feuer herum, wobei er sich mit beiden Fäusten auf die Brust schlägt. Wer immer noch nicht verstanden hat, was uns Männern ein Lagerfeuer bedeutet, der schaue sich diese Szene an.

Es war der erste Film ab zwölf, den das Kind gesehen

hat, und der erste von mir, mittels väterlicher Autorität, ausdrücklich angeordnete Gesetzesverstoß. Schädliche oder unsinnige Gesetze verachtet der freie Geist. Während ich drinnen die Karten kaufte, schlenderte das Kind, damals neun, betont unauffällig vor dem Kino auf und ab. »Du willst Schauspieler werden«, sagte ich. »Gut, dann spiel mal einen Zwölfjährigen.« Das Kind blickte sehr ernst und stellte sich auf die Zehenspitzen. So betraten wir das »Hollywood« am Kurfürstendamm.

Zu den wenigen Vorzügen der Stadt München, in der wir eine Weile gelebt haben, gehört ihre Feuerfreundlichkeit. An der Isar haben wir in stürmischen Nächten im Steinstrand eine Kuhle hergestellt, denn wir sympathisieren mit den Grubenfeuerern und ihrer philosophischen Idee, Erde und Feuer und Wind wieder miteinander zu vermählen wie zu Anbeginn aller Zeiten. Es mochten wohl vier, fünf Feuer gewesen sein, die an solchen Abenden an der Isar brannten, mitten in einer deutschen Großstadt, und nicht etwa an einem kläglichen »Grillplatz«. Die Männer und ihre Söhne statteten einander an ihren Feuerstellen Achtungsbesuche ab, man bot einander Biere, Erfrischungsgetränke und Holzscheite an, man geizte nicht mit Ratschlägen, aber es herrschte weder Neid noch Besserwisserei, sondern der natürliche, kameradschaftliche Ton der Feuerstellen. München ist die deutsche Hauptstadt der Feuermacher, wenigstens diesen Rang wird ihm Berlin so bald nicht streitig machen können. Erst weit nach Mitternacht kam Polizei und drohte, uns festzunehmen.

In Berlin gingen wir ein- oder zweimal so weit, auf dem Balkon ein Lagerfeuer zu entzünden. Dafür hatte die Frau wenig Verständnis. Seit einiger Zeit verfügen wir immerhin über eine Wohnung mit Kachelofen. Abends öffnen wir die Ofenklappe und stellen so die Illusion eines Lagerfeuers her. Erst als immer mehr Frauen in den Architektenberuf und in die Stadtplanungsämter drängten, wurden Kachelöfen, offene Kamine und Feuerherde nach und nach durch Zentralheizungen und Elektroherde verdrängt.

Vom Balkon aus haben wir eines Tages das großartigste Feuer unseres Lebens gesehen. Es war die Katholische Kirche am Lietzensee, ein angeblich unbrennbares Betonbauwerk aus den sechziger oder siebziger Jahren, das in einem Akt sinnlicher Raserei, einem Aufstand der Schönheit, die aus Geist besteht, gegen das Hässliche, das aus Materie besteht, von turmhohen Flammen verschlungen wurde. Überall auf den Balkonen standen an diesem Tag die Männer mit ihren Söhnen und schauten. Zwei große Jungen, fast schon an der Schwelle zum Mannesalter, hatten die Kirche in Brand gesetzt, bei dem Versuch, ein Lagerfeuer zu entzünden. Der Schaden betrug mehrere Millionen Mark und überstieg die Summe der beiden elterlichen Haftpflichtversicherungen bei weitem. Nach einigen Tagen stand in der Zeitung: Die Versicherung zahlt den gesamten Schaden. Aus Kulanz. Dazu sah man ein Foto des Versicherungsdirektors. Er hatte versengte Augenbrauen.

FUSSBALL

Man könnte dem deutschen Fußballsport zu neuen Glanz verhelfen, das wäre gar nicht so schwierig. Das Kind zum Beispiel ist ein begnadeter Fußballspieler. Es dribbelt mit seinen Füßchen eleganter als Maradona, es besitzt die nötige Kampfkraft und den Mannschaftsgeist und den gesunden Erwerbssinn. Das Kind ist zum Fußballgott geboren.

Eines Abends öffnete es den Mund und ließ sein göttliches Stimmchen übers Land erschallen. »Wahrlich, wahrlich, ich sage euch, wenn ich erst mal Fußballprofi bin, kriegt jeder von euch drei Häuser. Oma und Opa kriegen zwei Häuser. Onkel Daniel und Onkel Thomas kriegen jeder ein Haus. All die anderen Menschen auf der Welt, die hungern und Not leiden, kriegen auch irgendwas.« Wir wollten spontan in einen Fußballverein hinein.

Der Fußballverein bestand aus einem weißhaarigen Trainer mit Krücke und aus Müttern beziehungsweise Vätern, welche am Spielfeldrand standen, Camel ohne Filter rauchten, Büchsenbier tranken bis zum Anschlag und ihren Ehrgeiz daransetzen, dem Klischee des Berliner Proletariers auf möglichst perfekte Weise zu entsprechen.

Die Mütter beziehungsweise Väter riefen: »Geh ran, Kevin! Na los, Tempo, Oliver! Tritt ihm in die Eier, Dennis!« Sie schrien wie die Stiere, wenn sie zur Kuh wollen.

Die Frau sagte: »Ich möchte nicht, dass meinem Kind in die Eier getreten wird. Dann lieber zur Miete wohnen.«

Wir griffen das Kind, das schon ein bisschen zerknautscht und blutüberströmt und zersplittert aussah, wir trugen seine Reste sorgsam in einem Taschentuch nach Hause, wir riefen den Kinder-Notarzt sowie einige Bekannte an und ließen uns einen durch und durch bürgerlichen Fußballverein in einem stinklangweiligen Viertel empfehlen.

Der durch und durch bürgerliche Fußballverein in dem stinklangweiligen Viertel verfügte über einen 18-jährigen Trainer, der ohne Krücke gehen konnte, aber recht schüchtern war. Er lächelte schüchtern, steckte die Hände schüchtern in die Hosentaschen und schwieg auf die denkbar schüchternste Weise. Die Mütter beziehungsweise Väter tranken Eistee, sie blätterten in der »Zeit«, vereinzelt wurde Marlboro Medium geraucht oder in »Focus« geblättert. Sie riefen: »Geh ran, Benjamin-Noah! Na los, Tempo, Gabriel-André! Tritt ihm in die Eier, Friedrich-Gregor!«

Wir beschlossen, die Fußballkarriere des Kindes bereits unterhalb ihres Gipfels abzubrechen. Wir erklärten überall: »Der deutsche Fußball ist ein hoffnungsloser Fall. Aber in einigen Jahren wird Deutschland eine Goldmedaille im Judo gewinnen.« Wir hatten erkannt, dass unser Kind zum Judo-Gott geboren ist.

Judo ist ein Kampfsport. Aber Judo ist fernöstlich, es hat mit Ritualen und Selbstdisziplin und bis ins

58

Letzte verfeinerten Formen zu tun. Judo-Trainer sind Wunderwerke an Zivilisiertheit und Höflichkeit und friedfertiger Gesinnung, vor allem, wenn man sie mit den Fußballtrainern vergleicht. Beim Judo tritt dem Kind keiner irgendwo hin, es sei denn, das Kind würde sich dreimal verbeugen und in der genau vorgeschriebenen japanischen Formulierung ausdrücklich danach verlangen, dort hin getreten zu werden, dann würde der Gegner es aus Höflichkeit natürlich tun. Wir waren mit dem Judo sehr zufrieden, von dem Geld für die Goldmedaille wollten wir uns im Alter ein »Zeit«-Abo leisten.

Das Kind erwarb fleißig einen Judo-Gürtel nach dem anderen. Es ging gern zum Judo. Es lag aber etwas Unausgesprochenes in der Luft. Es gab da etwas, womit das Kind noch lange nicht fertig war.

Wenn die anderen Jungs zum Fußball gingen, glänzten die Augen des Kindes, und es spiegelte sich grenzenlose Sehnsucht in ihnen. Das Kind wusste genau, wann es im Fernsehen Fußball gab. Auf dem Spielplatz wollte das Kind immer nur das eine.

Eines Tages sagten wir: »Also gut.«

Somit trat die Fußballkarriere des Kindes in ihre zweite Phase.

In Berlin regiert Hertha BSC, das sind die Kings, oben in der Bundesliga, außerdem gibt es die so genannte kleine Hertha, also Hertha Zehlendorf. Unser Verein ist die dritte, die ganz kleine, die mikroskopische

Hertha. CFC Hertha 06 hat seinen Sitz im Charlotten-burg-Tiergartener Grenzgebiet, das erste C von CFC be-deutet Charlottenburg. Der Verein stand in dem Ruf, Verstärkung nötig zu haben.

Hertha 06 besaß eine Trainerin. Die Trainerin sah sich das Kind genau an, vom klinsmannfarbenen Köpf-chen bis zu den gazellenförmigen Beinchen, dann rollte sie mit den Kiefern und knurrte: »Den bau ich auf.«

Das Kind bekam einen Spielerpass, genau wie die Profis. E-Jugend. E wie Effenberg.

Die E-Jugend von Hertha 06 hatte viele Vorteile zu bieten, günstige Verkehrslage, günstiger Beitrag, freund-liche Grundstimmung, offene Arme für neue Talente. Hertha 06 hatte nur einen Nachteil. Es verlor jedes Spiel. Jedes. Die jüngere Geschichte der E-Jugend von Her-tha 06 war eine Kette von Desastern historischen Aus-maßes, vereinstypische Ergebnisse hießen 0:17 oder 1:9.

Das Kind fand seine Mannschaft toll. Es war stolz, ein Herthaner zu sein. Wir schämten uns. Wie sehr Leistungsgesellschaft und New Economy und Taylo-rismus und Leitkultur und all dieses Erwachsenen-zeug uns doch verdorben haben! Außerdem kauft man Aktien dann, wenn sie unten stehen.

Und was für prächtige Burschen es waren! Philipp, die Raubkatze in Knabengestalt, der am härtesten ge-prüfte Torwart Berlins. Paolo dagegen hatte diesen ty-pischen, träge wirkenden, provozierenden Brasilo-Stil, mit dem er seine Gegner minutenlang austanzte. Leider gab er den Ball nie ab. In seinem jungen Leben hatte er wahrscheinlich noch keinen einzigen Pass gegeben. Aber ihm zuzuschauen, ein Genuss. Oder Schaller, unser Sturmtank, zack, bumm, Schaller, Tor. Ich wusste wirklich nicht, warum sie verloren. Solange kein Gegner auf dem Platz war, spielten sie attraktiver als Bayern München.

Die Trainerin sagte: »Wir sind eine Mannschaft in der Aufbauphase.«

Der Jugendleiter unseres Vereins war ein älterer Herr. Er erzählte: »Eigentlich will ich mit Fußball nichts mehr zu tun haben. Ich interessiere mich inzwischen mehr für Schach. Jedes Mal, wenn du eine Mannschaft aufgebaut hast, kommen die großen Vereine und kaufen dir die besten Spieler wieder weg. Es ist zum Kotzen. Der deutsche Fußball ist kaputt. Total kaputt.«

So sprach der ältere Herr. Die großen Vereine würden den ganz jungen Spielern schon Siegprämien zahlen und regelrechte Gehälter, natürlich nur so um die 100 Mark im Monat, aber bitte sehr, für 14-Jährige!

Ich schüttelte den Kopf. Entsetzliche Zustände. Total kaputt. Andererseits: 100 Mark im Monat. Für ein Kind. Gar nicht übel.

Die Mannschaft spielte in einer Liga. Alle im Verein passten auf, dass die Kinder nicht die Tabelle zu Gesicht bekamen. Einmal wurden wir zu einem Hallenturnier eingeladen. Die E-Jugend von Hertha 06 erzielte an einem einzigen Nachmittag ein 0:6 gegen die

Sportfreunde Neukölln, ein 0:8 gegen den Berliner SC sowie ein 0:5 gegen Siemensstadt. Positive Signale setzten das hauchdünne 0:2 gegen ein gewisses Berolina sowie ein, wegen des Gegentores, geradezu triumphales 1:4 gegen ein gewisses Vineta aus Berlin-Mitte.

Die Vereine aus den östlichen Bezirken erkennt man übrigens daran, dass fast alle Kinder blond sind, in den Westbezirken sind sie fast alle schwarzhaarig. Die Ostvereine leuchten von Ferne wie Gold. Es muss toll aussehen, wenn die in der Abendsonne im Gegenlicht spielen. Wenn man auf einem roten Ascheplatz eine West-Jugendmannschaft gegen eine Ost-Jugendmannschaft antreten lässt, erhält man die deutschen Nationalfarben.

Schon nach dem 0:2 gegen Berolina waren die Jungs begeistert. Dann fiel das Hertha-Tor gegen Vineta. In der letzten Sekunde. Schaller, Schuss, Tor! Sie umarmten sich, hüpften und strahlten und herzten einander, ein schwarzes Knäuel mit einem hellblonden Tupfer darin.

Der ältere Herr meinte: »Ich weiß nicht, ob die Kinder das von der Moral her noch lange durchhalten, mit den vielen Klatschen.« Taten sie aber. Die Moral stimmte. Dem Kind machte es nichts aus zu verlieren. Es glaubte an die Zukunft und an die Kameradschaft und an den Sport als solchen, all dieses romantische Zeug. Aufbauphase! Wahnsinn.

Ein paar Wochen später, das Ligaspiel gegen Friedenau. Unsere hatten in letzter Zeit ohne Zweifel dazugelernt. Spielzüge wurden hin und wieder ausprobiert. Gegnerische Bälle wurden hin und wieder entschlossen weggegrätscht. Pässe kamen hin und wieder an. Die Friedenauer trabten siegessicher auf das Spielfeld. Plötzlich fiel das 1:0. Für Hertha 06. Schaller. Kurz darauf fiel das 2:0. Es wurde still bei den Eltern. Alle schwiegen. So ähnlich musste es Paulus ergangen sein, als er in der Wüste den brennenden Dornbusch sah.

Es war wie ein Rausch. Das Kind spielte linker Außenverteidiger, wie meist. Er nahm den Friedenauern mit lässiger Eleganz die Bälle weg, es dribbelte und bediente den Hertha-Sturm mit einer nicht enden sollenden Reihe von Wunderpässen. Netzer. Effenberg. Zidane. Alles in einer Person. Die Partie endete 9:1.

Am nächsten Samstag spielten wir in Lichterfelde. Ich lief am Spielfeldrand auf und ab, mit den anderen Eltern.

Wir brüllten: »Geh ran, Philipp!« »Na los, Tempo, Schaller!« Und noch andere Sachen, an jede einzelne Formulierung kann ich mich nicht mehr erinnern.

Wir verloren 2:4.

Die Kinder gingen anders vom Platz als sonst. Sie sagten: »Der Schiri war klar gegen uns, ey.« Und: »Scheiß-Rasenplatz. Lauter Scheiß-Löcher drin in dem Scheiß-Platz hier. Könnt ihr euch in Lichterfelde nich ma ordentlichen Kunstrasen leisten?« Und: »Das dritte Tor von denen war Abseits.«

Sie waren eine normale Fußballmannschaft geworden. Jetzt gewinnen sie manchmal, und manchmal verlieren sie. Die Aufbauzeit ist vorbei. So komisch es klingt, ich vermisse sie. Ich würde gerne eine zweite Aufbauzeit erleben. Aber das geht nicht. Bei all diesen Sachen.

GEBURTSTAG

Unter den elterlichen Stresstagen des Jahres rangiert der Kindergeburtstag weit oben, das ist schon mal klar. Lärm! Schmutz! Hoppe, hoppe, Reiter! Wie können wir dem Kindergeburtstag seinen Schrecken nehmen? Ganz einfach, wir lagern das aus, ähnlich wie der deutsche Unternehmer seine Halbleiterproduktion nach Thailand ausgelagert hat. Zahlreiche Museen, Fast-Food-Restaurants und Schwimmbäder bieten heutzutage das praktische Kindergeburtstags-Komplettpaket mit Event-Garantie an. Obwohl ich bei den Schwimmbädern so meine Bedenken habe. In unserem Lieblingsbad sprechen die Bademeister ein mir unbekanntes Idiom, wahrscheinlich ein Mitglied der slawischen Sprachfamilie. Als einheimischer Badegast verständigt man sich mit ihnen in Zeichensprache. Womöglich ertrinkt eines der Kinder, weil der Bademeister das internationale Zeichen für »Ich kann noch nicht schwimmen« mit dem Zeichen »Keine Angst! Ich hab alles voll im Griff!« verwechselt hat, und dann? Dann muss ich mir wohl oder übel eine Menge Vorwürfe anhören.

Unsere Wahl fiel auf den Zoo. Geburtstag im Berliner Zoo kostet 25 Mark pro Nase, darin sind Eintritt, eine Führung sowie eine Kakao- und Kuchenverabreichung in dem ziemlich trostlosen Zoo-Restaurant enthalten. Am Telefon wird man gefragt: »Welches Tier mag das Kind besonders?« Man antwortet in der Regel: »Affen!« Alle Kinder lieben Affen. Dann heißt es: »Unsere Affen sind alle bissig.«

Als zweites sagt man als Vater für gewöhnlich: »Löwen!« Alle Kinder lieben Löwen. Worauf es heißt: »Na, dass unsere Löwen bissig sind, versteht sich wohl von selbst.«

Das geht mit zehn oder zwölf Tierarten so weiter, bis man bei den exotischsten Randgruppen angelangt ist. »Schnee-Eulen!«

»Die sind nachtaktiv.«

»Sandvipern!«

»Na, hören Sie mal!«

Am Ende landet man immer bei den Flusspferden, die auch bissig sind, aber bei denen spielt das keine Rolle, weil die Kinder sie eh nicht auf den Arm nehmen wollen.

Die Kinder werden in den Backstage-Bereich geführt, eine Empore über dem Flusspferdbecken. Die Flusspferde kommen angeschwommen, sperren ihre Mäuler auf, und die Kinder dürfen Brot in die Mäuler hineinwerfen. Danach dürfen die Kinder eines der Flusspferde über die schmierige Schwarte streicheln. Zweite Station sind die Seehunde.

Wer stinkt schlimmer aus dem Maul heraus, ein altes Flusspferd oder ein alter Seehund? Ich bin wahrscheinlich der einzige deutsche Autor, der in dieser Frage kompetent Auskunft zu geben vermag: Es ist der Seehund. Die Kinder dürfen die Seehunde mit Fischen füttern, so lange, bis sie alle wie Seehunde riechen. Dann gibt es Kuchen, und zuletzt eilt man gemeinsam auf den Zoospielplatz, wo gespielt wird, bis die Kinder erschöpft sind oder der Regen kommt, je nachdem. Zusammenfassung: Kindergeburtstage im Zoo sind nicht ganz billig, aber weniger anstrengend als Kindergeburtstage zu Hause.

GELD

Das Kind möchte, dass ich ein Segelboot kaufe. Ich kann nicht segeln. Ich finde auch, dass wir kein Segelboot brauchen. Gut – das Wasser. Alles Leben kommt aus dem Wasser. Oder der Wannsee. Aber so gerne bin ich im Grunde nicht auf Booten. Wir werden auch alle leicht seekrank, das Kind, die Frau und ich. Die Menschen auf dem Wannsee würden staunen, wenn dieses Segelboot an ihnen vorüberglitte. Ein Boot voller Menschen, die sich in alle Himmelsrichtungen spotzend übergeben, die mit grünen Gesichtern auf schleimigen Planken ausgleiten und dabei gurgelnd rufen: »Halleluja, Vivat und Prosit, dass wir ein Segelboot haben!«

Ein Boot. Fischen. Jagen und Fischen, damit hat es bei den Menschen angefangen. Und das Sammeln nicht zu vergessen! Da fällt mir die Geschichte vom Schnäppchenjäger ein.

»Schnäppchenjäger haben wieder einmal Hochkonjunktur«, dieser Satz hat immer in der Zeitung gestanden, als ich ein Bub war. Dieser Satz steht auch heute noch in der Zeitung. Er wird noch in der Zeitung stehen, wenn das Kind vom Kind mal ein Kind hat, denn eine geheimnisvolle Überlebenskraft wohnt ihm inne. Was dieser unscheinbare Satz schon überstanden hat! Kuba-Krise, Gruppe 47, Genom-Entschlüsselung, das hat er alles weggesteckt. Sobald wieder Winter- oder Sommerschlussverkaufszeit ist, klettert »Schnäppchenjäger haben wieder einmal Hochkonjunktur« frisch und rosig und nach 4711 duftend aus seinem Bettchen, räkelt sich kurz, schlüpft in seine Ausgehpantoletten und klettert dann, als sei nichts gewesen, hurtig auf die Seite eins des Lokalteils.

Das Segelboot, nicht wahr. Es ist schwierig, einen Wunsch mit der Begründung abzuschlagen: »Dafür haben wir nicht genug Geld.« Das Kind weiß, dass in einem durchschnittlichen deutschen Mittelklassehaushalt ein gewisses Maß an Geld vorhanden ist. In dieser Hinsicht kann man ihm nichts vormachen. Die nötigen Dinge des Lebens sind, wie man in der Geldbranche sagt, ausfinanziert. Bei den zusätzlichen Dingen kommt es darauf an, sich zwischen Alternativen zu entscheiden, man kauft aus diesem oder jenem Grund entweder dieses oder jenes. Deswegen kann man nicht einfach sagen: »Zu schade, wir sind eine bitterarme Köhlerfamilie und haben nicht mal genug Geld, ein Segelboot zu kaufen.« Nein, man muss begründen, was man stattdessen kauft und wieso das andere wichtiger ist.

Ich sage: »Ich möchte lieber ein Auto kaufen. Unser Auto ist alt, hässlich und schrottig.«

Das Kind ist strikt gegen ein Auto. »Autos verschmutzen die Umwelt, Autos stinken, Autos sind gefährlich, Autos haben keinen Parkplatz.« Alles richtig, im Grunde.

»Aber Autos sind gut, um schnell irgendwo hinzukommen. Vor allem ins Umland.«

»Ja. Das stimmt. Das ist ein Grund für ein Auto. Aber ich habe dir vier Gründe gegen ein Auto genannt. Vier zu eins.«

»In meinem Beruf brauche ich manchmal ein Auto.«

»Du fährst doch gerne Taxi.« Auch richtig. Wir kaufen erst mal kein Auto.

Ein Kind großzuziehen kostet bekanntlich ungefähr so viel Geld, wie ein Eigenheim hinzustellen. Wer vier Kinder großzieht, der hätte stattdessen ein kleines Dorf in der Uckermark errichten und mit seinem Namen versehen können. Wenn die Deutschen nun das Kinderkriegen sein lassen und stattdessen das Geld in einen Fonds einzahlen, aus dem der Häuserbau und die Dorfsanierung in Mali finanziert werden, dann würden die Deutschen zwar aussterben, aber in Mali würden sie aus Dankbarkeit Deutsch lernen und die deutsche Fahne übernehmen und ihr Land in »Deutschland« umbenennen. Damit wäre das deutsche Rentenproblem gelöst. Aber das will man ja nicht.

Mit dem Taschengeld dagegen ist es so. Die meisten Kinder wissen gar nicht, was sie mit dem Taschengeld machen sollen. Denn sie haben alles, und was sie noch nicht haben, das kriegen sie demnächst geschenkt. In manchen Familien müssen sich die Kinder von ihrem Taschengeld immerhin die Süßigkeiten kaufen. Wir dagegen sind schwach, wir sind hilflose Sklaven unserer elterlichen Liebe und kaufen dem Kind zu jeder Tages- und Nachtzeit Süßigkeiten, aber nur, wenn es ganz lieb darum bittet. Zu dumm auch, es bittet fast immer ganz lieb. Also spart das Kind sein Taschengeld, für schlechte Zeiten, falls ich beispielsweise auf Köhler umschulen muss. Deswegen ist stets Bargeld im Haus, auch wenn man mal vergessen hat, zum Bankautomaten zu gehen. Das Kind ist unser lebender Bankautomat.

Außerdem gibt das Kind von seinem gesparten Taschengeld zu den größeren Anschaffungen gerne etwas dazu. Sein Verhältnis zum Geld ist ein großzügiges und gebendes. Jetzt sagt es: »Zu der Segeljacht gebe ich von meinem Taschengeld 300, nein, Moment« – das Kind zählt -, »ich gebe 400 Mark.«

Grundsätzlich stellt sich in der Erziehung die Systemfrage: Errichtet man eine Scheindemokratie, in der man das Kind nach seiner Meinung fragt, aber auf dem Wege der Manipulation dann doch den elterlichen Willen durchsetzt? Einige Jahre lang lässt sich das machen. Oder bevorzugt man das offen autoritäre Regime – die Eltern sagen, was gemacht wird? Überlässt man gar dem Kind die Regierungsgewalt? Das sind Fragen, über die moderne Eltern sich mit einer Leidenschaft zu streiten imstande sind, die den einstigen politischen Richtungskämpfen des K-Gruppen-Milieus in nichts nachstehen, auch nicht im Grad der Überzeugung, dass nur die eigene Linie die richtige sein kann und jeder andere Weg ins Verderben führt.

Ich bin für den Kurs, den Lenin in der Phase der »Neuen Ökonömischen Politik« des Jahres 1921 verfolgt hat – in einer Krise vorübergehend liberal und konziliant werden, sobald die Krise aber vorbei ist, die Schraube wieder fest andrehen. Folglich sage ich: »Ja gut, erst einmal muss ich segeln lernen. Und dann schauen wir, dass wir ein günstiges Segelboot kriegen. Wir warten am besten auf den Segelboote-Schlussverkauf.« Das Kind weiß, dass man in der modernen Gesellschaft Preise vergleichen sollte.

Die Geschichte vom Schnäppchenjäger aber geht folgendermaßen weiter.

Eines machte den Satz »Schnäppchenjäger haben wieder einmal Hochkonjunktur« traurig. Es fehlte ihm ein Punkt. Der Satz ging also zu einem Schönheitschirurgen und seufzte: »Ohne einen Punkt an meinem Ende fühle ich mich nicht vollwertig. Die anderen Sätze schauen mich krumm an, meine Psyche ist derangiert. Können Sie mir den Punkt hinoperieren? Ich hätte gerne einen blauen Punkt, nein, lieber rosa.«

Der Schönheitschirurg schüttelte traurig den Kopf. »Du bist doch eine Überschrift, mein kleiner Freund. Überschriften haben keine Punkte. Das ist verboten.«

Da weinte »Schnäppchenjäger haben wieder einmal Hochkonjunktur«. Aber im Wartezimmer des Schönheitschirurgen saßen zwei andere Sätze, die eilten zu ihm hin und klopften ihm tröstend auf die Schulter. »Ach, uns geht es doch genauso!« Von da an waren »Schnäppchenjäger haben wieder einmal Hochkonjunktur«, »Die Benzinpreise steigen weiter« und »Bundesbank gibt grünes Licht für Leitzinserhöhung« unzertrennliche Freunde, und sie machten jedes Jahr zu dritt eine Bootspartie, bei denen allen dreien furchtbar schlecht wurde.

GEMÜSE

Wie bekommt man Gemüse in Kinder hinein? So lautet unsere heutige 500 000-Mark-Frage.

Ist es:

A. Die Methode »New Economy«? Das Gemüse wird gekocht, püriert, sodann mit viel Zuckersirup, am besten »Grafschafter Goldsaft«, gesüßt und braun gefärbt. Anschließend erklären beide Eltern dem Kind, es handele sich um einen schokoladehaltigen neuen Brotaufstrich, besser als das beste Nutella.

Oder ist es:

B. Die psychologische Methode? Man zeige dem Kind historische Kupferstiche von skorbutkranken Seeleuten, aus denen schwarze Galle herausfließt, dazu erschütternde Aufnahmen von Mangelerkrankungen aus der Dritten Welt. Man sage: »Diese Menschen wollten kein Gemüse essen. Jetzt müssen sie halt sterben.«

Sogar das Gemüse hat seine Geschichte. Beim Wort »Kohlrüben« zum Beispiel denkt der historisch gebildete Mensch sogleich an den Ersten Weltkrieg. Kohlrübenwinter! Gemüse unterliegt außerdem Moden wie die Form der Hemdkrägen oder die Rocklänge. Das nahe liegendste Beispiel ist Broccoli, das typische deutsche Trendgemüse der achtziger, neunziger Jahre. Die Ideologien sind weg, innere Leere, Suche nach Sinn, die große Zeit des Designs – mit einem Wort: Broccoli. Broccoli wird wegen seines gefälligen Äußeren verzehrt, wegen der hübschen grünen Röschen. Geschmacklich ist Broccoli nahezu neutral, man könnte genauso gut diesen Schleim essen, den man vor Magenspiegelungen kriegt. Um die Jahrtausendwende ist der zartbittere Fenchel in der Gunst der Massen aufgestiegen, ein Gemüse, das nach Medizin und Labor schmeckt, parallel zum Aufstieg der Naturwissenschaft als neuer Utopiestifterin. Die Eltern von heute gehören meistens zur Blumenkohlgeneration. Junge, Junge, was wir an Blumenkohl weggeputzt haben! Ein Blumenkohlwinter nach dem anderen. Heute ist der Blumenkohl ein Randgruppengemüse, beinahe wie die Kohlrübe. Was ist bloß aus all den Blumenkohlbauern von damals geworden? Die etwas jüngeren Eltern gehören zu einer kurzen, historisch besonders interessanten Zwischenphase, der Generation Zucchini, während die historisch belastete Generation Erbsensuppe... Aber wir schweifen ab. Zurück zu unserer 500 000-Mark-Frage. Wie kriegt man Gemüse in das Kind hinein? Ist es:

C. Die katholische Methode? Man verstecke kleinere Mengen Gemüse in den Lieblingsgerichten des Kindes. Bis zu salzkorngroße Möhrenstücke bleiben in Nutella meist unbemerkt, wenn die Creme dick aufgetragen wird. Flach geraspelte Möhrenscheiben können seitlich in fertig gebratene Pfannkuchen eingeschoben werden. Blumenkohlstifte von etwa zwei Zentimetern Länge und zwei bis drei Millimetern Durchmesser werden von unten in Schokoriegel gesteckt. Nicht vergessen, das Einsteckloch anschließend mit einem Tropfen Schokoladensoße zu kaschieren! Bei Kindern, die Fisch essen, geht manchmal ein weich gekochtes, paniertes Stück Sellerie in Gänze als Fischstäbchen durch. Vorbild dieser Methode sind die mit Fleisch gefüllten Maultaschen, die in Süddeutschland von den gläubigen Mitbürgern auch während der Fastenzeit gerne gegessen werden.

Dann hätten wir noch:

D. Die pseudodemokratische oder stalinistische Methode. Man lege vor das Kind eine Möhre, einen toten Vogel und einige Pfefferkörner. Man sage: »So, du bist jetzt groß, du bist der Chef, du darfst heute mal ganz alleine entscheiden, was du essen möchtest.«

Oder:

E. Die kapitalistische Methode. Man bezahle dem Kind für jedes halbe Möhrchen dreißig Pfennig oder gewähre für pro Scheibe Zucchini zehn Minuten zusätzliche Fernsehzeit. Schon bald wird das Kind versuchen, den Gemüsepreis zu erhöhen, während die Eltern ihrerseits versuchen, die Gemüsestückchen für den gleichen Preis unauffällig größer werden zu lassen. So findet eine spielerische Einübung in die Mechanismen der Marktwirtschaft statt.

Schließlich:

F. Die moderne Methode. Man produziere einen Werbespot, in dem eine Persönlichkeit mit hohem Prestige und hoher Glaubwürdigkeit in Kinderkreisen – zum

Beispiel Oliver Kahn, Pikachu oder Britney Spears – mit sichtbarem Genuss Gemüse verzehrt.

Oder:

G. Die unrealistische Methode. Man versuche, das Kind mit vernünftigen Argumenten, freundlichen Worten und Schmeicheleien zum Verzehr von Gemüse zu bewegen.

Eine Möglichkeit, unseren Kindern auf eine moralisch einwandfreie Weise Gemüse zu verabreichen, gibt es nicht. Wer seinen Kindern Gemüse gibt, der muss lügen und betrügen. Er macht sich schuldig. Wer seinen Kindern aber kein Gemüse gibt, der ernährt sie ungesund, macht sich also ebenfalls schuldig.

Ein deutsches Dilemma. Die richtige Lösung weiß keiner. Ist ja immer so.

DIE GENE

Welche Eigenschaften hat das Kind geerbt? Besitzt es auch das lästige Geburtstage-Vergess-Gen oder das viel belächelte Handy-nicht-bedienen-könn-Gen oder gar das gefürchtete Mit-dem-Geld-nie-auskomm-Gen? Neulich ist das Kind mit traurigem Gesichtchen durch die Wohnung gelaufen. »Wo ist sie?«, hat es gesagt, »wo? Ich kann sie nicht finden. Sie ist weg.« Da fiel der Vater auf die Knie und schloss das Kind in die Arme. Er hat es! Wahrlich, er hat es! Er ist Fleisch von meinem Fleisch.

So sprach die Stimme des Blutes.

Eines Tages war zufällig Weihnachten. Bei der Weihnachtsfeier schenkte unser Arbeitgeber jedem seiner Gefolgsleute die Original-Firmen-Armbanduhr, mit dem Original-Firmen-Logo auf dem Zifferblatt. Das war nett und liebevoll und ganz im Sinne der Corporate Identity. Aber niemand in der Firma trägt die Uhr. Wenn der Arbeitgeber durch seine Bürofluchten schreitet und liebevoll seine Leute mustert, dann müssen sie ihm auf den ersten Blick undankbar vorkommen.

So eine Firmenuhr ist wie eine Uniform, oder? Jeder sieht gleich, wo man arbeitet. Nein, schlimmer noch. Die Leute denken: Schau an, der trägt so eine Firmen-Werbe-Armbanduhr, die kann ja wohl unmöglich mehr als 49 Mark 90 gekostet haben. Kann der Fuzzi sich nichts Wertigeres leisten? Niemand will so ein Discount-Image. Nur ich bin ein Fuzzi. Ich trage sie seit Jahren.

Das kommt daher, weil ich das Uhren-verlier-Gen habe. Keine einzige Uhr habe ich länger als ein paar Wochen besessen. Es hat keinen Sinn, welche zu kaufen oder sich über zeitgenössische Uhrenästhetik einen, wie man in Berlin sagt, Kopf zu machen. Im Gegenteil, je teurer und geschmäcklerischer eine Uhr ist, desto schneller ist sie verlegt, verschwunden und verloren oder hat in einem öffentlichen Bad ihr nasses Grab gefunden.

Deswegen habe ich mich auf wohlfeile, kurzlebige und stilistisch umstrittene Exemplare spezialisiert. Einmal habe ich aus Singapur eine Jackentasche voll glibberiger Rolex-Imitationen mitgebracht, das reichte immerhin für sechs Monate.

Der Firmen-Uhr indes wohnt ein Zauber inne. Jeden Morgen liegt sie mit treuem Blick neben dem Bett, wartet handwarm auf dem Küchenbord oder kullert gut gelaunt aus einer Jackentasche heraus. Sie geht weder verloren noch kaputt, man kann tun, was man will. Wir haben einander offenbar gesucht und gefunden. Und wenn ich sie wirklich einmal verlegt hätte, dann müsste ich nur pfeifen, und meine Firmen-Uhr käme auf ihrem Kunstlederarmband hechelnd herangekrochen wie ein braves Hündchen.

Bald ist Ostern, das Kind wird durch die Wohnung kriechen und Eier suchen, und was wird es finden? Uhren wahrscheinlich. Bestimmt liegt irgendwo noch eine Rolex aus Singapur herum. Das Kind wird sie sich strahlend um den Arm binden und wird sie innerhalb von 72 Stunden verlieren. Vererbung. Das Uhren-verlier-Gen. Nein, das Alle-Uhren-außer-billigen-Werbeuhren-verlier-Gen. Unser Blut.

Ist es nicht großartig, die Natur, wie hoch differenziert die ist, was die alles draufhat? Es gibt tropische Spatzenarten, die sich von anderen tropischen Spatzenarten lediglich durch eine einzige andersfarbige Schwanzfeder unterscheiden. So etwas in dieser Art sind wir. Die Firmenuhr ist unsere Schwanzfeder.

Vielleicht wird mein Arbeitgeber mir eines Tages eine zweite Uhr schenken. Zum 75-jährigen Bestehen vielleicht, mit einer riesigen »75« auf dem Zifferblatt. Dann wird endlich auch das Kind nie mehr Uhren verlieren, denn wir haben die gleichen Gene.

Und wenn nicht? Wenn es bei dieser einen Uhr bleibt? Früher haben Väter den Söhnen immer ihre Uhren vererbt. Genau das habe ich auch vor.

GOTT

Wir fuhren in die Berge. Wir gingen in den Bergen spazieren. Ein Ruck ging durch das Kind. Es breitete die Arme aus und rief: »Jesus! Ich sehe Jesus!« Das Kind hatte eine Erscheinung. Nun gut, wir waren in Bayern.

Es handelte sich um einen dieser Kreuzwege. Wir wandelten den Kreuzweg entlang, und ich erklärte, was es mit den vierzehn Stationen auf sich hat, das heißt, so weit ich es noch zusammenbekam. Veronika reicht Jesus das Schweißtuch, oder hieß sie Angelika? Der zufällig anwesende Passant Simon von Sirene trägt aus Nettigkeit eine Weile das Kreuz.

Der christliche Bilderkosmos spricht weitgehend für sich selbst, und wenn ich etwas nicht mehr genau wusste, habe ich einfach drauf los erfunden. Das sollten die Evangelisten im Übrigen genau so gemacht haben.

Das Kind war auf dem Jesus-Trip. Abends beim Schlafengehen murmelte es: »Erzähl mir eine Geschichte von Jesus.« Und ich erzählte. Beim Warten an der Haltestelle oder vor dem Schwimmbad zupfte es am Ärmel und flüsterte: »Eine Geschichte aus der Bibel, ja?« Und ich verkündete die frohe Botschaft. Die Menschen an den Haltestellen und vor den Schwimmbädern staunten nicht schlecht, als ihnen an dieser ungewöhnlichen Stätte von Jonas im Bauche des Wals berichtet wurde, vom brennenden Dornbusch, von der sündigen Stadt

Sodom und von der wunderbaren Speisung der Vierzigtausend, oder waren es Dreitausendfünfhundert?

Wir besuchten die Dome von Mallorca, von Mainz und von Berlin, bei dieser Gelegenheit schauten wir uns aus weltlichem Interesse auch die Kaisergruft an. Ich kaufte eine Kinderbibel und las so manches Mal aus ihr vor. Du sollst das Kind in seinen religiösen Interessen nicht behindern, spricht der Herr.

Das Lieblingsfach des Kindes in der Schule ist selbstverständlich Religion. Wenn man das Kind fragt, wie es in der Schule gewesen ist, dann antwortet es: »Wir haben heute lange über Moses gesprochen.« Dann geht ein Engel durch die Küche.

Jetzt fragte das Kind: »Gibt es Gott wirklich? Oder ist Gott so ähnlich wie der Weihnachtsmann und der Osterhase?«

Ich sagte: »Niemand weiß, ob es Gott gibt. Die Antwort muss jeder in sich selber spüren. Man glaubt, oder man glaubt nicht. Auf jeden Fall kann man sagen, dass Gott in einer anderen Liga spielt als der Osterhase.«

Nun aber fragte das Kind: »Glaubst du, dass es Gott gibt?«

Ich antwortete: »Ich glaube, dass Gott eine schöne Idee ist. Die Menschen möchten, dass es etwas Besseres und Perfekteres gibt als sie. Gott bringt die Menschen manchmal dazu, gute Dinge zu tun und nicht nur an sich selbst zu denken. Deshalb bin ich für ihn. Aber ich glaube nicht, dass es ihn gibt.«

Das Kind war mit dieser Antwort nicht zufrieden. Es hat gespürt, dass mit ihr etwas nicht stimmte, dass es eine taktische Antwort war, ein liberales Ausweichmanöver. Ein klares Nein hätte es eher zufrieden gestellt. Das wäre etwas gewesen, woran man sich halten kann.

Was hätte Jesus an meiner Stelle gemacht? Jesus hätte natürlich die Wahrheit gesagt.

Als einst mein Vater meine Mutter freite, war diese katholisch. Radikalkatholisch, extremkatholisch. Sie sagte: »Der Mann, dem ich gehören soll, muss rechten Glaubens sein, denn mit Ketzern gehe ich den heiligen Bund nicht ein.«

Mein Vater war mehr an Musik als an Religion interessiert. Diese Tatsache verschaffte ihm in religiösen Dingen Beweglichkeit. Er besuchte den katholischen Religionsunterricht, er schwor dem Protestantismus ab und wechselte achselzuckend in das Lager des Papstes, aus amourösen Gründen wäre er auch zu den Tanzenden Derwischen übergetreten. Aber so was fordern Frauen fast nie.

Kurz nach der Hochzeit wandte meine Mutter sich vom Glauben ab. Eines Morgens fiel es ihr wie Schuppen von den Augen, sie stand auf und verkündete: »Der Papst ist in meinen Augen das Letzte.« Sie war nunmehr Freigeist und trat später in die SPD ein. Mein Vater blieb aus Zerstreutheit noch eine Weile katholisch.

Jesus hätte diese Geschichte erzählt und, wie immer, aus der Sache ein Gleichnis gemacht. Glaubet, was immer ihr glaubet, nicht zu heftig, denn wisset, schon in zwanzig Jahren glaubet ihr womöglich etwas total anderes. Und wie steht ihr dann vor euch selbst da? Womöglich nicht gut.

DAS GRAUEN

Heute bringen wir dem Kind das Fürchten bei. Frühere Generationen haben das Fürchten noch von alleine gelernt, wie Laufen oder Sprechen. Dazu sind moderne Kinder zu behütet. In diesem Land fürchten sich die Kinder nicht mehr, und was kommt dabei heraus? Viel Wehleidigkeit kommt dabei heraus, ein Jammern und Klagen und Sichbeschweren, das von diesem Land zum Himmel steigt. Axel Schulz, Berti Vogts, Schumi, Scharping, das kommt dabei heraus.

Wir nahmen das Kind beim Händchen und gingen ins Berliner Gruselkabinett.

Das Gruselkabinett ist in einem ehemaligen Luftschutzbunker in der Nähe des Anhalter Bahnhofs untergebracht. Während des Kalten Krieges haben sie dort die Lebensmittelreserven für den Belagerungsfall verwahrt, freiheitlich-demokratische Ölsardinen, antikommunistisches Trockenfleisch. Im Untergeschoss des Gruselkabinetts sind Fundsachen aus dem Bunker ausgestellt, Nazizeitungen, Bombensplitter, durchlöcherte Stahlhelme, kurzum, langweiliges Zeug. Das Mittelgeschoss bringt es schon eher. Dort sieht man, wie ein mittelalterlicher Medicus einem Patienten mit der Säge – ritze, ratze – das Bein amputiert. Einem anderen schneiden sie aus medizinischen Gründen bei lebendigem Leibe die Gedärme heraus, und man hört seine Schmerzensschreie – alles Wachsfiguren mit einem

Motor darin, liebevoll gemacht, guter Sound, der Eindruck der Echtheit ist nicht von der Hand zu weisen.

Das Kind schmiegt sich eng an den Vater, die Fingerchen krallen sich fest, die Zähnchen klappern. Wir retten uns in das Café, wo Leichen von der Decke hängen, Gerippe in der Ecke stehen und das Blut eimerweise von den Wänden rinnt. »Na, kindgerecht ist es hier nicht gerade«, sage ich zu der Dame an der Bar, die ein Hexenkostüm trägt, während das Kind, immer noch blass um das Näschen, eine blutige Spritze aus dem Limoglas fischt. Die Hexe antwortet ernst: »Wenn ich Ihnen einen Rat geben darf: Nehmen Sie das Kind auf keinen Fall in die obere Etage mit. Und Sie selbst gehen besser auch nicht alleine.«

Ich habe die obere Etage folglich in Begleitung eines Touristen aus Rostock besucht, während das schweißnasse Kind zusammen mit der fürsorglichen Hexe an der Blut-Bar zurückblieb. Dort oben sind Friedhöfe, Labyrinthe, Pesthäuser und so was, mit Nebel und Eiswind und den Geräuschen des Grauens, aber am furchtbarsten – da gibt es Menschen. Echte, ohne Motor darin. Sie schleichen sich von hinten an, sie packen und erschrecken dich. Das machen sie gut. Die können da noch richtig zupacken. Ich bin geflohen, der Herr aus Rostock blieb im Nebel zurück.

Dann sind wir nach Hause gegangen. »Sieh es einfach mal so«, sagte ich. »Deine Großeltern haben Bombennächte erlebt und der Uropa eine echte Revolution mit

Straßenkämpfen. Und ich – soll ich dir mal erzählen, wie ich das Fürchten gelernt habe?«

Das war Mitte der siebziger Jahre, in Indien. Indien war damals topmodern. Ist es nicht seltsam, dass Länder aus der Mode kommen können, wie Kleider oder Musik? Zurzeit ist Kuba modern. Es gab mal eine Irland-Mode, in den Achtzigern. Auch Portugal, Nepal und Marokko hatten ihre Konjunktur-Phase. Eine Zeit lang sind alle, wirklich alle nach Kreta gefahren. Das Leben erschien einem wie ein einziges großes Souvlaki.

Man könnte alljährlich Länder-Hitparaden veröffentlichen. Eine Jury unter Leitung von Wolfgang Joop wählt das Land des Jahres, warum nicht? Eine persönliche Prognose am Rande: Belgien wird nie modern sein.

Wir waren also Rucksacktouristen in Indien und hüllten unsere Körper in wallende Gewänder. Von irgendeinem gottverlassenen Dorf aus wanderten wir, begleitet von einer stattlichen Schar hungriger Moskitos, vier oder fünf Stunden lang mit unseren Rucksäcken durch den keralesischen Dschungel und gelangten endlich an einen einsamen Strand mit Strohhütten, wie er bei Leuten unserer Denkungsart damals als das ultimative Urlaubserlebnis galt.

Meine Begleiterin war eine Germanistikstudentin aus Marl, die an entbehrungsreiche Safaris dieser Art nicht gewöhnt war. Auf das, was ich diesem jungen Menschen angetan habe, bin ich nicht stolz. Aber der Zeitgeist war damals eben so.

An jenem Strand lagerten bereits fünfzig oder sechzig ähnlich gepolte Landsleute, lauter künftige Staatssekretäre, Chefärztinnen oder Rundfunkintendanten, die einfältige Lieder auf der Gitarre spielten, mit Räucherstäbchen fuchtelten und Marihuana rauchten.

Am nächsten Morgen besuchte mich der Tod. Er trug Schlaghosen mit Cowboystiefeln und sagte: »Hey, du, ich bin ein schlimmes, schlimmes Dschungelfieber, und ich mach dich jetzt so was von fertig.« Danach verlor ich das Bewusstsein.

Im Traum erschien mir ein alter Bekannter, Haarmann. Im Biologiesaal unseres Gymnasiums stand nämlich ein Skelett, und es ging das Gerücht, es handele es sich dabei um den berüchtigten Knabenmörder, der aus kleinen Jungs Bouillon gekocht hat. Diese Geschichte besaß eine gewisse Plausibilität, weil Hingerichtete, an deren Leichnam niemand ein Interesse äußerte, damals der Pathologie zur Verfügung gestellt wurden. Ein Junge aus der Unterprima schraubte Haarmann den Schädel ab und schmückte den Partykeller damit. Der Hausmeister hat Haarmann dort gefunden und befreit. Haarmann besaß seitdem riesige Augen, weil die Freundin des Jungen ihm Chinakracher in beide Augenhöhlen gesteckt und einen Teil der Knochen weggesprengt hatte. In diesem Zustand war er für den Unterricht in einer Kulturnation, die auf Genauigkeit Wert legt, nicht mehr verwendbar. Sie haben ihn verschenkt, an eine Schule in Afrika. Dort arbeitet der Kindermörder Haarmann bis auf den heutigen Tag als Aushilfsgerippe. Das alles muss um das Jahr 1968 herum passiert sein.

»Ihr habt vor nichts Respekt gehabt« klapperte Haarmann. Das Sprechen fiel ihm schwer. »Aber ihr werdet zur Rechenschaft gezogen. Eines Tages wird alles herauskommen. Und es gefällt mir übrigens überhaupt nicht in Afrika.« Ende des Albtraums.

Meiner Begleiterin gelang es, einige Träger und eine von Fliegenkot bedeckte Trage aufzutreiben. Auf dieser Trage wurde ich, 42 Grad heiß und von unerfreulichen Visionen der geschilderten Art gepeinigt, vier oder fünf Stunden lang durch den Wald geschleppt, bis zur Straße, wo nach weiteren Stunden ein Taxi auftauchte. »To the hospital. Go fast, man!« So lautete das Gebot der Stunde.

Das Krankenhaus war eine aus staubigen Brettern zusammengenagelte Baracke, über der Insektenschwärme kreisten. Die Ärzte trugen Kittel, die mit Blut- und Eiterflecken bedeckt waren. Die Betten besaßen keine Matratzen. Das Patientenkollektiv repräsentierte einen Querschnitt durch die unbesiegten Seuchen dieser Welt, unter besonderer Berücksichtigung des aufgeplatzten Geschwürs, der knotigen Hautwucherung und des Brechdurchfalls. Hinter dem Krankenhaus befand sich eine Müllhalde, um die Katzenskelette herumstrichen. Oben auf der Müllhalde lag ein abgetrenntes Bein. Es hatte schon bessere Tage gesehen.

Während der so genannten Visite hielten die Ärzte in ihrer einen Hand einen Plastikbecher, in dem eine schleimige Flüssigkeit schwappte. In der anderen Hand trugen sie gelbe, rote und blaue Pillen. Sie peilten den jeweiligen Patienten kurz an, dies war die Diagnose. Dann ließen sie eine gelbe, eine rote oder eine blaue Pille in die Hand des Patienten fallen, der sie mit der schleimigen Flüssigkeit herunterspülte. Das war die Therapie. Ich bekam eine blaue. Alle Patienten tranken aus demselben Becher – die Leprösen und die Wassersüchtigen, die Eiternden und die Fiebernden. Es war ein egalitäres Hospital, eine Gesamtschule für Moribunde.

Als ich auf mein matratzenloses Drahtlager zurücksank, bemerkte ich den Tod, der auf dem Rand des Bettgestells saß und sich mit einem Schweizer Offiziersmesser die Fingernägel reinigte. Er zwinkerte mir zu und sagte: »Bingo.« An der Tür lehnte Haarmann und blätterte in einem MERIAN-Heft über Afrika.

Meine Gefährtin saß am anderen Ende des Bettes. Sie weinte. Nicht meinetwegen. Sie hatte Heimweh nach Marl.

Da erhob ich mich schwankend von meinem Lager. Ich flüsterte: »Weg hier.« Den größten Teil unseres Gepäcks ließen wir zurück. Zum Taxifahrer sagten wir: »To the most expensive Hotel, please. Go fast, man!«

Wir nahmen die Super-Luxus-Sultans-Suite. Nach drei Tagen war das Fieber unten. Der Rest ist langweilig. Ein total langweiliger Urlaub am Pool. Wenn ich mich recht erinnere, schickten die Eltern aus Marl einen Scheck.

90

»Und du«, sagte ich zum Kind, »du warst jetzt immerhin im Gruselkabinett. Das ist schon mal ein Anfang. Für diese Art von Erfahrungen ist man eines Tages dankbar. Da hat man was zu erzählen.«

Das Kind sagte nichts. Aber noch lange hörte man im Süden Berlins das Klappern der Zähnchen.

INSEKTEN

Wir saßen in unserem Lieblingslokal, das Kind und ich.
Unser Lieblingslokal hat einen Garten mit einem Baum
darin und eine Theke mit einem Zapfhahn daran. Da
ist gut sein. Für das Wohlbefinden des Kindes sind die
Ameisen zuständig.

Das Kind setzt sich in eine Ecke und baut aus Steinchen ein Ameisengefängnis. Ameisen, die sich nicht
vorschriftsmäßig verhalten, werden mit Steinchen zerquetscht. Ameisen, die durch Befolgung der Vorschriften Langeweile hervorrufen, werden ebenfalls mit Steinchen zerquetscht. Das Kind hat keinen aufgeklärten
Rechtsstaat im Geiste Voltaires errichtet, sondern ein
faschistisches Terrorregime.

Halt, was macht es jetzt? Oha, es holt sich Streich-
hölzer. Das Kind zündet ein Streichholz an. Es hält das
Streichholz an die Ameisen. Scheiterhaufen, Inquisition
– das Kind durchlebt die katholische Phase. Dazu
juchzt es und gluckst vor Glück. Sollte man eingreifen?

Es gibt in dieser Familie eine Ameisentraditionsli-
nie. Als ich ein Kind war, habe ich einmal Hunderte von
Ameisen, das heißt, vielleicht waren es in Wirklichkeit
nur fünfundvierzig, also diese unübersehbar große
Ameisenmenge gesammelt und ein mit Sand und Grün-
zeug gefülltes so genanntes Einweckglas interniert. Die
Ameisen sollten einen Staat gründen. Mir war nicht
klar, dass die Ameisen dazu eine Königin brauchen. Ich

dachte, die Ameisen könnten es ja mal mit einer Republik probieren. Aber um echte Republikaner sein zu können, fehlt den Ameisen doch einiges, nicht zuletzt der Wille. Das Glas mit dem sozialen Experiment darin stand eine Weile auf dem Fensterbrett, die Ameisen krabbelten unschlüssig umher, dann fiel das Glas hinab, es zerbrach, und das royalistische Pack suchte unter lauten »Hurra! Es lebe die Königin!« – Rufen das Weite.

Das gab im häuslichen Umfeld eine Menge Ärger, und noch so manchen Abend kratzte man sich vorm Schlafengehen verstohlen an der Halsbeuge oder im Schritt, weil man die Krabbelbeinchen einer Ameise auf der Haut zu verspüren meinte.

Soll ich nun die Ameisen retten, im Namen der Humanitas? Sind wir böse? Wir frugen eine Psychologin. Die Psychologin sagte: »Alle Kinder machen so eine Phase durch.« Es hat mit der Entwicklung des Gefühlslebens und der Individualität und diesem ganzen Kram zu tun. Insofern tut das Kind sich etwas Gutes, indem es den Ameisen Ungutes zufügt. Individualität kann der Mensch nie genug haben.

Schweine geben ihr Leben an der Schnitzelfront, Stiere verbluten zum Amüsement des Spaniers, der Bernhardiner riskiert für das Lawinenopfer sein Zottelfell – da ist es von der Ameise vermutlich nicht zu viel verlangt, sich für die Individualität kleiner Jungs aufzuopfern. Je sensibler und kreativer ein Mensch ist, desto ausgiebiger hat er wahrscheinlich in seiner frühen Kindheit Ameisen gequält. Ich nehme an, dass die Ameisen um 1885 herum in Malaga und ein paar Jahre später in London eine schlimme Phase durchgemacht haben, als dort der kleine Picasso und der kleine Chaplin ein Individualitätsmassaker nach dem anderen veranstalteten. In manchen Gegenden von London sind Ameisen bis auf den heutigen Tag Mangelware, wie mir Reisende glaubhaft versichert haben.

Mädchen sind da anders. Unsere Psychologin erwähnte, dass ihre kleine Schwester lebende Weinbergschnecken in eine Sahnespritze zu stopfen pflegte. Dann quetschte das Mädel, und vorne kam Schneckenpüree heraus. Das wurde von den Erwachsenen nicht gerne gesehen, zumal im Wohnzimmer. Mädchen neigen offenbar dazu, weiche, schleimige Tiere unter ihre Fittiche zu nehmen. Das Zerreißen, Zerquetschen oder Zerschneiden von Regenwürmern ist deshalb ein typisches Mädchenvergnügen, während Jungs lieber Tiere mit harten Chininpanzern und flinken Beinchen quälen, Tiere, die sich jagen lassen und beim Zerquetschen gemütlich knacken wie Brennholzscheite im Kamin. Auch dazu gäbe es aus psychologischer Sicht sicher manches anzumerken.

Ein Tier, das keiner mag, ist die Wespe. Die Menschen haben die sonderbarsten Neigungen, es gibt Plastikbaggersammler und Herrenstrumpffetischisten, aber den Bundesverband der Wespenliebhaber wird man in den Telefonbüchern vergeblich suchen. Das hat sich die Wespe mit ihrem aggressiven, uneinsichtigen und lästigen Auftreten weitgehend selber zuzuschreiben.

Die Wespe ist dabei nicht einmal hässlich, im Gegenteil, das Wort Wespentaille hat in vielen Sprachen einen guten Klang. Doch wie würde die Menschheit wohl zu den Kronenkranichen stehen, wenn sämtliche Gartenlokale dieser Erde von Horden aufgeregt summender Kronenkraniche umringt wären, die mit ihren Krallen ungeniert im Pflaumenkuchen herumwühlen, sich auf die Wurstbrote der Wurstbrotesser setzen, vor den Köpfen herumflattern und gutes Zureden mit schmerzhaften Stichen beantworten? Daran sieht man wieder einmal, dass der Charakter wichtiger ist als alle Äußerlichkeiten.

Im Gesamtgebäude der Natur wird die Wespe schon ihren Sinn haben, so wie es ja auch in jeder Schulklasse und in jedem Betrieb einen Typ gibt, den keiner leiden kann, der aber durch sein negatives Vorbild eine heilsame solidaritätsstiftende Funktion besitzt. Die Kellerasseln, die Silberfischchen und die Stubenfliegen denken sich: Na, so toll wie die Wespen wollen wir es mal besser nicht treiben, die Wespen sind ja völlig unten durch bei allen, so ein Wespenimage wollen wir nicht kriegen, reißen wir uns zusammen, obwohl wir Insekten sind. Wenn die Wespe vom Aussterben bedroht wäre, würde ich deshalb über Wespenschutz mit mir reden lassen. Davon kann aber nicht ernsthaft die Rede sein.

Diese lange Vorrede soll behutsam darauf hinführen, dass wir Wespenjäger sind, das Kind und ich. Wir jagen und töten sie. Dazu bestellt der Vater sich ein Kristall-Weizen, in anderen Gegenden Deutschlands sagt man Weißbier. Das Weizenbierglas wird möglichst zügig zu etwa zwei Dritteln ausgetrunken. Dann heißt es warten. Nicht lange, und das erste Tier fliegt in den geöffneten Weizenbierkelch hinein, in der Absicht, dem Menschen die Freude am Biertrinken zu vergällen und sich selber eine gute Zeit zu machen. Jetzt aber klappt das Kind blitzschnell einen Bierdeckel über das Glas, und das Glas wird geschüttelt. Die Wespe schwimmt im Bier. Sie denkt: Ach, nicht weiter schlimm, da liegt ja eine eingeklemmte Zitronenscheibe. Da klettere ich einfach drauf, trockne mir ein bißchen die Flügel, und dann steche ich die. Aber sobald die Wespe die Zitronenscheibe erreicht hat, schütteln wir das Glas einfach noch mal. Damit hast du nicht gerechnet, alte Wespe, was?

Ich nehme aufgrund eigener Erfahrungen an, dass der Alkohol die letzte Lebensphase der Wespe in ein rosiges Licht taucht. Wir machen es auch so ähnlich wie die Römer mit den Gladiatoren in der Arena, gelegentlich wird einer besonders tapferen Kombattantin aus Fairness das Leben geschenkt, wir kippen dann den Bierrest inklusive halb zermatschter Wespe auf den Boden des Gartenlokals und entfernen uns rasch.

Wer unser Tun verwerflich findet und glaubt, uns verurteilen zu müssen, der möge bedenken: Ameisen quält das Kind nicht mehr. Es findet das Wespenquälen erfüllender. Die Ameisen sind der große Gewinner bei der Sache. Und ich persönlich bin keineswegs grundsätzlich gegen Gewalt, ich bin nur dafür, dass es die Richtigen trifft. Das sehe ich genau so wie der Bundesverteidigungsminister.

DER JOURNALISMUS

Angeblich interessieren Kinder sich für den Beruf ihrer Eltern. Angeblich ist auch das, wie so vieles andere, für ihre Entwicklung und für die Selbstfindung wichtig. In Wirklichkeit handelt es sich dabei um ein narzisstisches Erwachsenenvorurteil. Das heißt, die Eltern hätten gerne, dass es so wäre, aber die Kinder sind gar nicht so. Mein Kind jedenfalls interessiert sich zwar für das Geld, das ich mit Hilfe meines Berufes verdiene, der Beruf als solcher dagegen ist ihm weitgehend gleichgültig. Manchmal zeige ich dem Kind etwas, das ich geschrieben habe, und sage, von Eitelkeit nicht völlig frei: »Schau mal, die Geschichte da.« Dann antwortet das Kind zerstreut: »So. Hm. Ach ja, interessant«, und wendet sich wieder Dingen zu, die seiner Ansicht nach für seine Selbstfindung wesentlicher sind.

Einmal war ich in einer Fernsehsendung. Ich wurde nach meiner Meinung zu irgendwas gefragt. Das Kind war bei seinen Großeltern. Die Großeltern riefen aufgeregt: »Schau mal, da, dein Papa! Guck doch mal, wie er spricht! Hör nur, was für interessante Dinge er sagt!« Das Kind erwiderte, in freundlichem Ton: »So. Hm. Ja, danke«, und wandte sich den wirklich interessanten Dingen zu, es war wohl ein Micky-Maus-Heft.

Das Kind interessiert sich fürs Fernsehen, aber nur, solange ich nicht darin vorkomme.

Dann habe ich das Kind in meinen Betrieb mitgenommen, so, wie die Pädagogen es empfehlen. Das Kind lief durch die Räume und fragte: »Wann gehen wir wieder?«

Wir machten eine Betriebsführung. Der Betrieb ist eine Tageszeitung. Während uns die Neuordnung der Berliner Presselandschaft nach dem Krieg, das Layout, die Anzeigenpreise und andere teils faszinierende, teils erstaunliche, teils wissenswerte Dinge erklärt wurden, schaute das Kind heimlich fern. In so einer Zeitungsredaktion läuft fast immer irgendwo ein Fernsehgerät, naturgemäß ist oft Schröder zu sehen. Wenn das Kind Schröder sieht, ist es elektrisiert. Wenn ich Bundeskanzler wäre, würde mein Kind sich für meinen Job interessieren.

Plattenherstellung, Offsetverfahren, Bildbearbeitung, alles langweilig. Aber die Druckmaschine! Die Druckmaschine ist ein Hammer. Superlaut, superbrutale Greifarme, supertiefe Löcher, in denen die Makulatur verschwindet, das sind diejenigen Zeitungen, die in der Zeitungsschule nicht aufgepasst haben und aus denen deshalb nichts Vernünftiges geworden ist. Superfließbänder und Superpannen, denn wenn die fertigen Zeitungen gebündelt werden, stauen sie sich auf dem Fließband manchmal, das gibt Kuddelmuddel und verzweifelte Aufschreie im Druckermilieu und lässt literweise kindliche Aufmerksamkeit durch den Raum strömen.

Aber ich bin nun mal kein Drucker.

Kinder wollen wissen, wozu ein Beruf nütze ist. Das mache ich jetzt so. Wenn wir auf der Wiese zusammen Fußball spielen, gestalte ich eine Live-Radio-Sportreportage daraus. Wir marschieren hintereinander auf das Spielfeld, ich sage: »Ja, liebe Zuschauer, die Nationalmannschaften Deutschlands und Brasiliens betreten in diesem Moment den heiligen Rasen des Estadio Grandioso do Brasil, 250 000 Zuschauer sind heute bei bester Laune, Samba, Rama und Rumba versammelt, es herrschen optimale Bedingungen für das Endspiel, nun die Hymnen.« Wir stehen stramm, und aus meinem Munde ertönen die Nationalhymnen. Für Brasilien nehme ich meist »Bridge over troubled water«.

Nach dem Anpfiff ist es nicht mehr so leicht. Während ich dribble, pflege ich keuchend zu kommentieren: »Elber ist großartig aufgelegt heute, aber jetzt – unglaublich, liebe Zuhörerinnen und Zuhörer -, Scholl spitzelt Elber den Ball vom Fuß weg, Scholl läuft ihm einfach davon, toll, Scholl, traurig, die einst so große brasilianische Mannschaft, wir alle erinnern uns an das Schicksal der Titanic, jaa, liebe Zuhörer, Brasilien ist die Titanic des Weltfußballs...«

Jetzt also hat das Kind den Ball.

Es wird immer schwieriger, weil die Luft knapper wird. Sobald der Reporter länger als zwanzig Sekunden schweigt, ruft das Kind: »Was ist denn aus dem Sportreporter geworden? Ist er etwa eingeschlafen?« Oder es kopiert den Stil. »250 000 Zuschauer fragen sich, ob der

Sportreporter gegen einen Eisberg gestoßen ist wie die Titanic.«

Dann mobilisiere ich die letzten Reporterkräfte. Eine Metapher geht noch! Die Sätze werden gegen Spielende freilich kürzer, der Stil des Reporters wird suggestiver, konzentrierter, nur noch ein weite Assoziationsfelder aufreißendes »uff, Scholl« oder ein »knapp vorbei«, welches der Phantasie der Zuhörer eine Menge Raum lässt und doch etwas von der Dramatik der Situation vermittelt.

Ein Kind sollte das Gefühl haben, dass sein Vater etwas Sinnvolles tut, etwas Nützliches und gleichzeitig sehr Schwieriges.

DIE KATZE

Als wir die Katze kauften, lebten wir in Schwaben. Eine Wohnung am Rand von Stuttgart, Erdgeschoss, mit einem Balkon, der auf eine kleine Wiese hinausging. Es war eine Tierheimkatze, schwarz, mit ein paar weißen Haaren auf der Brust. Wir hatten sie genommen, weil sie in dem Käfig des Tierheims als Erste schnurrend auf uns zugelaufen war. Die Katze wollte uns, also wollten wir sie.

Die Katze lernte, vom Balkon auf die Wiese zu springen und wieder zurück. Ein paar Mal brachte sie Mäuse, um sie uns zu schenken. Einmal hatte sie eine Amsel gefangen und versteckte sie hinter dem Sofa. Wir wunderten uns wochenlang über den Geruch, beim Auszug fanden wir die Mumie. Sie hatte auch eine Zeit lang einen Verehrer, einen fetten rothaarigen Kater, der vor dem Balkon saß und verwegen mit den Augen funkelte. Es war ihre schönste Zeit.

Dann zogen wir um, und noch mal um, und noch mal. Die erste neue Wohnung hatte eine Dachterrasse, und die Katze lernte, über schiefe Ziegel zu balancieren. Mäuse gab es da oben nicht. Sie versuchte, noch einmal einen Vogel zu fangen, aber die Vögel waren zu schnell. Wir hatten große Blumenkübel, die Katze legte sich hinein und roch an den Gräsern.

Von da an musste sie sich an das Leben in Altbau-wohnungen gewöhnen. Die Katze wurde dicker. Wenn sie uns an der Wohnungstür hörte, kam sie gelaufen, und man hörte sie durch die geschlossene Tür miauen. Wenn man sich setzte, sprang sie auf den Schoß und schnurrte. Ihre Krallen schärfte sie immer an dem gleichen alten Bastkorb, an die Möbel ging sie nie. Sie hatte einen besonderen Blick, mit dem sie zu verstehen gab, dass ihr Katzenklo gemacht werden musste.

Das Kind wurde geboren. Die Katze war nicht mehr jung. Wir rechneten aus, wie viele gemeinsame Jahre das Kind und die Katze wahrscheinlich haben würden. Sieben? Neun?

Die Katze tat so, als ob sie das Kind nicht bemerken würde. Wenn wir uns mit dem Kind beschäftigten, war nichts von ihr zu sehen. Sie kroch dann unter das Sofa. Wenn das Kind schlief, kam sie heraus, schnurrte und sprang auf unseren Schoß. Wir streichelten sie nicht mehr so oft wie früher.

Das Kind begann zu krabbeln. Es versuchte, die Katze anzufassen. Das dritte oder vierte Wort, das es lernte, war der Name der Katze. Aber die Katze ließ sich nicht berühren. Zu Fremden kam sie gelaufen und rieb sich an ihren Beinen, misstrauisch war sie nicht, auch nicht ängstlich. Nur das Kind ließ sie nicht an sich heran. Am Anfang setzte sie sich vor das Kind, ein paar Zentimeter außerhalb seiner Reichweite, das hatte sie genau ausgerechnet, leckte sich die Pfote und tat so, als ob sie es nicht bemerkte. Sobald das Kind sich juchzend und krähend auf sie stürzte, machte sie einen Satz und galoppierte wie ein Pferd in ein anderes Zimmer. Dann wurde das Kind größer und schneller, und das Spiel funktionierte nicht mehr.

Wenn wir in den Ferien eine Katze sahen, freute sich das Kind mehr als über alles andere. Es lernte allmählich, wie man Katzen anlockt, mit ausgestreckter Hand, ganz ruhig, ohne hastige Bewegungen. Es lernte, wo sie gerne gestreichelt werden, was sie gerne spielen und mit welchen kleinen Zeichen eine Katze zu verstehen gibt, dass sie genug hat. Einmal sagte es: »Katzen sind meine Lieblingstiere.«

Zu Hause versuchte das Kind, der Katze zu zeigen, was es gelernt hat. Es ging in die Knie, streckte den Arm aus und lockte. Es rief den Namen der Katze, ganz leise, um sie nicht zu erschrecken. Aber die Katze reagierte nicht.

Nach einer Weile gab das Kind auf. Es kümmerte sich nicht mehr um die Katze. Die Katze machte einen Bogen um das Kind und versuchte, ihr Leben zu leben, zu gut es ging. Sie waren ein Paar, das nichts mehr voneinander erwartet.

Manchmal sah man in der Wohnung die Katze tagelang nicht, sie kam nur zum Fressen heraus und verkroch sich danach in einer dunklen Ecke. Wir hatten nur noch wenig Zeit für sie. Hin und wieder bürsteten wir ihre Haare, das hatte sie immer besonders gemocht, dann schnurrte sie. Mit ihr zu spielen, hatten wir keine Lust, wir spielten so oft mit dem Kind. Die Katze war nicht mehr so schön wie früher, sie hatte jetzt einen Hängebauch und Schuppen. Wenn Besucher da waren, lachten sie über die Katze, weil ihr Bauch fast am Boden schleifte. Schließlich hörte die Katze auf zu fressen.

Der Tierarzt meinte: Nierenversagen. Das haben ältere Katzen oft. Im Anfangsstadium kann man mit einer Diät noch etwas machen, aber die Katze war über das Anfangsstadium hinaus. Einen Menschen würde man an eine künstliche Niere anschließen, bei einer Katze geht das nicht. Sie lebt noch ein bis zwei Wochen, sagte der Tierarzt, aber gegen Ende wird es eine Qual für sie. Wenn Sie möchten, schläfere ich sie bei Ihnen zu Hause ein, in der gewohnten Umgebung, dann hat sie keine Angst und bekommt es nicht so mit. Es kostete 60 Mark, alles zusammen.

Die Katze hatte noch zwei Tage. Ihr Lieblingsfutter fraß sie nicht mehr, zum Spielen fehlte ihr die Kraft. Also kämmten wir sie ein paar Mal. Am Abend saßen wir lange vor dem Fernseher, obwohl es nichts Interessantes gab, damit die Katze auf unserem Schoß liegen konnte und wir sie streicheln konnten, wie früher. Das Kind sah die Katze nur aus der Ferne an und versuchte nicht, sie anzufassen. Manchmal weinte es.

Der Tierarzt kam mit seiner Sprechstundenhilfe. Falls es nötig sei, die Katze festzuhalten. Aber die Katze lief nicht weg. Ich saß auf dem Sofa, sie lag auf meinem Arm, schnurrte und döste. Die Spritze war klein. Ich spürte, wie der Körper der Katze sich entspannte, als ob etwas auseinander gleite. Es dauerte weniger als eine Minute. Das Kind stand an der Tür. Als es vorbei war, kam es vorsichtig heran, streckte langsam die Hand aus, so, wie man es machen soll, und streichelte der Katze zum ersten Mal über den Kopf.

DER KLAPPERSTORCH

So, heute fahren wir nach Linum. Linum ist das Berliner Storchendorf, ganz nahe bei der Autobahn. Praktisch, was? Auf der Fahrt erklären wir dem Kind, dass früher viele Eltern ihren Kindern verrückte Geschichten erzählt haben. Vom Storch, der die Babys bringt, verpackt in eine Windel. »Wieso denn ausgerechnet der Storch?«, fragt das Kind. Weil der Storch so einen langen geraden Schnabel hat, antworten wir nach längerem Nachdenken, und weil er an dem langen geraden Schnabel bei Bedarf auch Zwillinge aufhängen kann. Sogar Drillinge. Wie sollen ein Adler oder ein Uhu Drillinge bringen? Clever, sagt das Kind.

In Linum sitzt auf fast jedem Haus ein Storchennest, mit Storch darin, und mit Jungen. Zwanzig Nester schätzungsweise. Wieso ausgerechnet Linum? Wieso fliegen die Störche nicht anderswo hin, Dörfer gibt es doch reichlich? Das hängt mit der Thermik zusammen. Wenn die Störche aus Afrika ankommen, sind sie natürlich schlapp von der weiten Reise und lassen sich einfach treiben. Der Wind treibt sie dann direkt nach Linum.

Das hat uns der nette Herr von der Naturschutzstation erzählt. In der Naturschutzstation befindet sich außerdem eine lehrreiche Ausstellung zum Thema »Linum und der Storch«. Der nette Herr führt mehrmals täglich kostenlose Dorfspaziergänge durch, mit Hilfe eines Teleskops und vieler Worte. Er sagt: Die Besucher stören natürlich die Störche, vor allem bei der Fortpflanzung. Es verhält sich bei den Störchen übrigens so, dass beim Begatten manchmal das Männchen oben sitzt und manchmal das Weibchen. Störche sind beim Begatten schon immer flexibel gewesen. Wenn aber die Menschen zu nahe herankommen, wird das Storchenmännchen nervös, und es klappt nicht, weder von oben noch von unten.

»Schon wieder eine Fehlbefruchtung«, sagt der nette Herr traurig, während er durch sein Teleskop guckt. Aber die Autos, ruft das Kind, wieso stören denn die Autos den Storchenmann nicht?

Störche lieben Autos. Autos törnen sie an. Sie haben fast alle ihre Nester direkt an der Straße gebaut, dort, wo es schön stinkt und rechtschaffen laut ist. Die Häuser in der zweiten und dritten Reihe dagegen verschmäht der Durchschnittsstorch. Der nette Herr hat dazu eine Theorie. »Früher lebten die Störche an Flussufern. Die Straße erinnert sie daran. Wie ein Fluss aus Stein. Sie denken, dass sie an einer Böschung wohnen. Und Autos sind für sie große, laute Fische, die ein bisschen komisch riechen.«

Einst war der Storch das Symbol der Fruchtbarkeit. Jetzt ist er der Autovogel. Kopfschüttelnd entfernen wir uns. Gut, dass es in Linum auch einen Biergarten gibt, abseits der Straße, bei den Fischteichen, ein Idyll, wo Bienen brummen statt Autos und folglich kein echter Storch wohnen möchte. Dort essen wir Bratfisch und denken über unsere Erlebnisse nach. Das Kind betrachtet die echten Fische und vergleicht sie mit den parkenden Fahrzeugen. Wenn man sich einen BMW einmal genau anschaut: Der Kühlergrill sieht genau wie ein Fischmaul aus.

DIE LITERATUR

Manchmal fragen die Leute: »Liest ihr Kind eigentlich dieses Zeug, das Sie so schreiben?« Dann antwortet man: »Ja, natürlich, immer, jeden Satz diskutieren wir eifrig beim Abendessen« und so weiter. Aber das ist gelogen. Das Kind liest nicht. Es ist dem Kind völlig egal, was in Zeitschriften, Büchern oder Zeitungen steht. Muss man sich Sorgen machen?

Die pädagogischen Berater erklären: Jungen lesen später als Mädchen. Das ist mit dem Lesen ähnlich wie mit der Pubertät, also dem Rumknutschen. Jungen fangen einfach mit fast allem später an. Sie holen dann aber auf. Wenn erst mal die Motivation da ist, sagen die Berater. Motivation! Mit Motivation geht alles im Leben wie nix.

Wie aber bekomme ich Motivation in das Kind hinein? Vielleicht lässt sich die Motivation tröpfchenweise durch das Ohr in das Kind einfüllen. Also wird vorgelesen. Das Kind hört gerne zu. Es mag Literatur. Es bevorzugt die Klassiker, sein Geschmack: tadellos. Es schätzt Mark Twain und findet Kästner amüsant, es verehrt Saint-Exupéry über alles, respektiert Herman Melville, vergöttert Robert Louis Stevenson und findet Alexandre Dumas, na ja, so weit ganz okay. Harry Potter? Sowieso. Ich habe dem Kind drei Bände Harry Potter vorgelesen, das sind genau 1135 Seiten. Danach habe ich gesagt: So. Du magst also Harry Potter. Du findest das spannend. Du kennst dich mit Harry Potter aus. Hier ist Band vier. Lies!

Damit war im Leben des Kindes das Kapitel Harry Potter beendet.

Das Einzige an der Weltliteratur, was es nicht mag, ist nun einmal der physische Vorgang des Lesens. Manchmal lässt es sich nach langem Bitten dazu herab, zwei oder drei Sätze oder sogar einen kleinen Absatz zu entziffern. Danach verzieht es das Gesichtchen, ruft: »Schluss jetzt! Nein, nein! Lies vor!« und lässt sich erschöpft zu Boden fallen.

Ich mag nicht mehr vorlesen. Nun kaufen wir Hörbücher. Der Kulturmensch alten Schlages mag Hörbücher nicht, denn das Hörbuch erspart dem Leser die Anstrengung des Lesens. Ein Hörbuch, sagt der Kulturmensch, ist so stillos wie Essen aus der Dose. Der Grund, aus dem der Kulturmensch alten Schlages das Hörbuch verachten, ist aber genau der gleiche Grund, aus welchem das Kind Hörbücher schätzt.

Zum Lesen zwingen? Dann kriegt das Kind womöglich ein Lese-Trauma. Nachts wälzt es sich dann stöhnend im Bettchen, gepeinigt von Lesezwingdämonen. Soll das Kind ohne Literatur aufwachsen oder mit Literatur, die auf eine unkorrekte Weise in das Köpfchen hineingelangt? Na also.

Auch die Buchhändler behandeln den Hörbuch-Käufer mit deutlich reduziertem Respekt. Nach dem Käufer von Pornographie und dem Käufer von rechtsradikalem Schriftgut ist der Hörbuch-Käufer in den Augen der Buchhändler die drittniedrigste Kategorie menschlicher Existenz. Wer in einer Buchhandlung ein Hörbuch kauft, wird behandelt wie jemand, der an der Theke einer Pilsbar nach einem Glas Erdbeermilch verlangt. Gibt es eigentlich pornographische und gleichzeitig rechtsradikale Hörbücher, in denen Dosensuppen verherrlicht werden? Darüber, wie man so etwas kauft, ließe sich gewiss eine spannende Sozialreportage schreiben.

Wir sind jetzt auf den Versandhandel umgestiegen. Wir lassen uns die Hörbücher in neutralen Päckchen diskret in die Wohnung schicken. Und das Kind hört und hört. Die pädagogischen Berater sagen: So wird das nie was! Das Hörbuch erspart dem Kind die Anstrengung des Lesens! Aber was soll ich tun? Soll der kleine Geist auf ewig in den Verliesen der Unwissenheit gefangen bleiben? Oder soll er fliegen lernen, empor zu Mark Twain und Antoine de Saint-Exupéry? Nein, lieber schleiche ich mich morgen in der hereinbrechenden Dämmerung wieder zum Briefkasten und hole ein neues Päckchen ab.

MÄNNER

Der Zirkus ist eine Metapher für das Leben, nicht wahr? Von den teureren Plätzen hat man meistens die bessere Sicht.

Einige Jahre lang sind wir regelmäßig in den »Berliner Weihnachtszirkus« gegangen, der diesen Namen trägt, weil er jedes Jahr zur Weihnachtszeit in Berlin gastiert. Ich vermute stark, dass Bewohner anderer deutscher Gegenden dieses Unternehmen unter einem anderen Namen kennen – »Hamburger Pfingstzirkus« vermutlich, oder »Chemnitzer Internationaler-Frauentag-Zirkus«. Beim Weihnachtszirkus gibt es einen Elefanten, auf den Kinder sich in der Pause draufsetzen dürfen, ein Fotograf fotografiert sie, das Bild kostet dann einen hübschen Batzen. Wir haben das einige Jahre gemacht, und während das Kind sich von Jahr zu Jahr stark veränderte, sah der Elefant immer gleich aus. Gleiche Rüssel- und Ohrhaltung, gleicher Gesichtsausdruck, gleiche majestätisch gelangweilte Ausstrahlung. Das fanden wir geheimnisvoll und faszinierend. Der Mensch ist dynamischer als der Elefant, kein Wunder, dass der Mensch es weiter gebracht hat als er.

Zur Vorbereitung eines Zirkusbesuchs sollte man mit dem Kind Artist spielen. Dazu stelle man das Kind auf die Schultern, frage: »Hast du Angst?«, packe es, falls es glaubwürdig verneint hat, wirbele es elliptisch durch die Luft, lasse es leicht an der Zimmerdecke antippen, schleudere es anschließend in hohem Bogen über das Aquarium, fange es genau einen Zentimeter vor dem Fußboden wieder auf und sage anschließend lässig: »Das zum Beispiel können Männer besser als Frauen. Außer den späten Vätern und den Männern mit Bandscheibenvorfall. Wenn du aber zu viel Popcorn isst, dann kann ich das bald auch nicht mehr.« Auf diese Weise lässt sich im Zirkus Geld sparen, denn die Tüte Popcorn kostet fünf Mark.

Oder haben Sie mit Ihrem Kind schon mal Billard gespielt? Doch, das geht auch. Dazu muss das Kind allerdings mindestens einen Meter fünfzehn groß sein. Dies fordern DIN und TÜV und Gema und die Unesco und überhaupt jeder, der Ahnung hat. Wenn die Kinder nämlich kleiner sind als ein Meter fünfzehn, kommen sie mit dem Stecken nicht klar, mit dem Queue, besser gesagt – Sie brauchen nicht nachzuschlagen, ich musste selber nachschlagen, es heißt wirklich *das* Queue, *der* Queue ist nur ein süddeutscher Regionalismus, dagegen bezeichnet *die* Queue bei den frankophilen Mitbürgern eine Menschenschlange vorm Geschäft – und fegen im Billard-Café der an sich recht netten Bedienung mit einer einzigen Bewegung fünf Bier, ein Alster, ein Wodka-Cola und ein Spezi vom Tablett. Dann schwirren kinderfeindliche Bemerkungen durch die Luft, und die Stimmung ist hin.

Billard zu spielen ist für die kindliche Entwicklung relativ wichtig. Denn es sollen der heranwachsenden

Psyche verschiedene Geschlechterrollenmodelle angeboten werden, so lautet unisono die Expertenmeinung. Nun gibt es zweifellos etliche Damen, die das, was man gern mit dem Queue tut, auf weltmeisterlichem Niveau beherrschen, aber die Mutter, die mit ihrem ein Meter fünfzehn großen Kind ausgerechnet ein Billard-Café aufsucht, darf unter die ausgesprochenen Verhaltens-Exotinnen gerechnet werden. Mütter tun das irgendwie nicht.

Wenn ich also zu dem Kind sage: »Ich biete dir heute wieder einmal ein männliches Rollenmodell an«, dann weiß das Kind, was die Stunde geschlagen hat.

Das Runde muss ins Runde. Wer diese Grundregel beachtet, weiß schon das Wichtigste über das Billardspiel. Außerdem gehört zum Billardspiel eine Hintergrundmusik, die den Qualitätsbereich der unteren Mittelklasse keinesfalls verlassen darf. Gut geeignet sind Phil Collins, Tina Turner oder Peter Maffay. Beim Billardspiel muß der Mann ein altes T-Shirt und eine enge Jeans tragen, die schon so manches erlebt hat, und er muss schweigen. Ein großer Schweiger muss er sein. Das Schweigen ist auch so etwas, was die Frauen uns niemals werden nehmen können.

Beim Stoßen der Kugel kneift der Mann die Augen zusammen. Nach dem Stoß schüttelt er wortlos den Kopf oder er macht leise: »Ts, ts, ts.« Denn die Kugel ist wieder einmal anders gerollt als geplant.

Überhaupt ist die Billardkugel eine Metapher für

das Leben des Mannes. Sie gibt wertvolle Anstöße, sie rollt mal hierhin, mal dorthin, dann macht es plötzlich »klack, klack, klack«, und die Kugel ist weg.

Wer aber einen Bandscheibenvorfall hat, der kann nicht Billard spielen. Der Bandscheibenvorfall ist der große, unbesiegte Feind des Mannes. Wenn der Mann dick wird, kann er joggen und hungern. Wenn ihm die Haare ausfallen, kann er sich eine Glatze rasieren und sagen: »Bruce Willis.« Wenn er Falten kriegt, kann er sagen: »Sieht interessant aus, oder?« Wenn er ein Potenzproblem hat, kann er Viagra nehmen, wenn er debil wird, kann er sagen: »Was schaut ihr mich eigentlich alle neuerdings so komisch an? Ich krieg nichts mit.«

Das, was früher der Feminismus war, ist heute der Bandscheibenvorfall. Er stellt dich als Mann grundsätzlich in Frage, und du kannst nicht vernünftig mit ihm disuktieren.

Der Mann nimmt jetzt das Queue und ein Stück blaue Kreide. Er rubbelt die Spitze des Queue mit blauer Kreide ab. Die blaue Kreide und das Abrubbeln sind Metaphern dafür, dass es im Leben des Mannes Hoffnung gibt, immer, außer beim Bandscheibenvorfall. Er schweigt. Er schüttelt ein weiteres Mal den Kopf. Er seufzt. Er kneift die Augen abermals zusammen und blickt ins Licht. Er sagt zu der netten Bedienung: »Dann noch ein Alster und ein Spezi.« Jetzt kommt das Kind an die Reihe.

DER NATIONALSOZIALISMUS

Wir gehen gern in historische Ausstellungen. Das heißt, ich gehe gern in historische Ausstellungen, und das Kind muss mit, da hilft kein Gesichtchen ziehen und kein An-der-Hand-Zupfen. Manche Eltern nötigen ihre Kinder, Geige zu spielen oder Schlittschuh zu laufen. Ich nötige mein Kind dazu, historische Ausstellungen anzuschauen. Da hat es ein gutes Los aus dem Lotterietopf des Lebens gezogen, denn Eislauftraining ist dreimal die Woche, aber historische Ausstellungen gibt es wesentlich seltener.

Einigkeit und Recht und Freiheit: So hieß eine Ausstellung über die deutsche Nachkriegsgeschichte. Sie bestand unter anderem aus fünfzig Fernsehgeräten, in jedem Gerät lief ein Spot mit den wichtigsten Ereignissen des jeweiligen Jahres. So konnte man dem Kind endlich das Wembley-Tor zeigen, den Schah von Persien, Adenauer und Muhammad Ali. Unsereinen überwältigten Erinnerungen an die Sinnenreize der Vergangenheit. Ein Parka! Ein alter Flipper! Das Uher-Tonbandgerät! Der Walser-Bubis-Streit! »Walser ist ein kluger Mann, der von den Menschen oft missverstanden wird, genau wie dein Vater«, sage ich.

Das Kind aber kann dem Lied »Whole Lotta Love« so wenig abgewinnen wie dem Anblick eines VW Käfers oder einem Flugblatt aus Gorleben. Das Kind findet an der deutschen Geschichte Sachen interessant, mit denen man nicht rechnet. Lengede! Wir haben lange vor dem Fernsehgerät verweilt, auf dem — natürlich schwarzweiß — die Bergwerkskatastrophe von Lengede und die wundersame Rettung von elf Bergleuten nach ich-weiß-nicht-wie-vielen Tagen dokumentiert wurde. Ausgerechnet Elf, so heißt auch der französische Konzern, an den später Bundeskanzler Kohl Teile von Ostdeutschland zu einem günstigen Tarif verkauft hat. Wer weiß, vielleicht hat bei der Entscheidung für Elf die Erinnerung an das Wunder von Lengede im Unterbewusstsein des Kanzlers eine Rolle gespielt.

Lengede, dieser deutsche Mythos zumindest ist in der nachwachsenden Generation angekommen. Bei uns wurde einige Tage lang Lengede gespielt. Am besten ist die Stelle, wo der dicke Kanzler mit der Zigarre auftritt, Ludwig Erhard, und mit seiner Brummelhummelstimme den verschütteten Bergleuten sagt, dass ganz Deutschland im Geiste mit ihnen weilt. Ich spiele die Rolle von Erhard, mein Sohn spielt die unermüdlichen Retter, die Verschütteten werden von elf charismatischen Playmo-Männchen dargestellt.

Obwohl es »Whole Lotta Love« ablehnt, hat das Kind einen guten Musikgeschmack. Früher hieß das Lieblingslied des Kindes »Help!« und war von der Stimmungskapelle aus Liverpool. Jetzt hat er ein neues Lieblingslied: »Ein Freund, ein guter Freund« aus dem Heinz-Rühmann-Film »Die drei von der Tankstelle«.

Das kommt, weil wir als Nächstes in »The Story of

Berlin« waren. So nennt sich bei uns um die Ecke ein Museum, in dem die Geschichte von Berlin erklärt wird, aber auf Deutsch, trotz des fremdländischen Museumsnamens. Ein Privatmuseum. Privatmuseen unterscheiden sich von den staatlichen Museen hauptsächlich dadurch, dass sie sich skrupellos an den Publikumsgeschmack ranschmeißen. Ich habe es ja mitunter recht gerne, wenn man sich skrupellos an meinen Geschmack ranschmeißt.

In »The Story of Berlin« gibt es also ein Kino, in dem die nach Ansicht der Museumsmacher besten Filme der Weimarer Republik vorgestellt werden, zum Beispiel »Die drei von der Tankstelle«, es gibt ratternde Maschinen (Industrialisierung!), Wohnungseinrichtungen verschiedener Epochen (Mode!), kaputte Häuser (Wrrrooom! Krieg!) und einen Aufzug, der ins Dachgeschoss fährt, wo einige Fenster, ein Rundumblick sowie ein Getränkeautomat auf die geneigten Besucher warten. Kurzum, ein sympathisches kleines Museum, in dem keiner verdursten muss.

But the highlight of the Story of Berlin is the head thing. Jeder Besucher kriegt am Kopf ein High-Tech-Gerät umgeschnallt, das wie eine Mischung aus Heiligenschein und Fahrradhelm aussieht und während des Museumsrundgangs allerlei Geräusche produziert – Musik, Vogelgezwitscher, erklärende Rede, alles sehr realistisch. Nein, falsch, das eigentliche Highlight ist natürlich die Drehtür. Die Abteilung »Drittes Reich«

verlässt man durch eine Drehtür in der Form eines Hakenkreuzes. Wahrscheinlich ist es weltweit die einzige Drehtür, die diese Form hat.

Ich stelle mir die Arbeiter in der Drehtürfabrik vor, in Indien vielleicht, wie sie die erste Hakenkreuzdrehtür der Welt zusammenmontieren, sich den Schweiß von der Stirn wischen und mit ihrem putzigen indischen Akzent sagen: »Crazy Germans! We must send some good Doormakers from India to Germany to show them how to make reasonable Doors!« Was heißt »Hakenkreuzdrehtür« überhaupt auf Englisch? Nazi-Cross-Turn-Door? Swinging Swastika?

Das Kind findet die Hakenkreuzdrehtür jedenfalls Klasse. Sie dreht sich so schön. Aber wir können uns natürlich keine anschaffen, was würden die Nachbarn sagen. Eine Drehtür in Form der freiheitlich-demokratischen Grundordnung, das ginge schon eher. Aber wie soll die aussehen? Der Nationalsozialismus ist offenbar die einzige Epoche der deutschen Geschichte, die sich in Form einer Drehtür darstellen lässt. Dies ist die nachdenklich machende Botschaft von »The Story of Berlin«.

DIE NATO

Das Kind hat auch ein Aquarium. Abends schauen wir gemeinsam in das Aquarium hinein und sagen »aha«, »so, so« oder »interessant, nicht wahr?« Das beruhigt uns. Kürzlich aber hat das Kind einen neuen Fisch geschenkt bekommen, einen Blauen Fadenfisch. Der Blaue Fadenfisch gehört zur Sorte der Labyrinthfische und gilt unter den Aquarianern nicht gerade als Temperamentsbolzen. Er ist gewissermaßen der Rudolf Scharping unter den Zierfischen.

Dieser Blaue Fadenfisch aber war aus der Art geschlagen, ein Mutant vielleicht. Der neue Fisch spielte in der kleinen Welt unseres Aquariums in etwa die Rolle, die Slobodan Milošević auf dem Balkan gespielt hat. Im Nu hatte der neue Fisch zum Beispiel das Übervölkerungsproblem unseres Aquariums gelöst. Der neue Fisch glotzte mit blutunterlaufenen Augen dumpf und böse durch die Glasscheibe, biss um sich und verschärfte unablässig sein Terrorregime, während die Reste der Zivilbevölkerung in den Algenwäldern Zuflucht suchten.

»Da müssen wir Bodentruppen hineinschicken«, sagte ich. »Nein, nein, den Fisch darfst du nicht totmachen«, rief das Kind, »in einem anderen Aquarium wird er vielleicht wieder ein lieber Fisch!« Mein Kind denkt sozialdemokratisch.

So kam es, dass wir einen großen Teil des Sonnabends damit verbracht haben, den Fadenfischmutanten zu jagen. Wie alle Diktatoren war auch dieser zäh und erfinderisch, wenn es um die Verteidigung seiner Machtposition ging. Aber am Ende erwischten wir ihn. Wir holten den zappelnden Milošević heraus und setzten ihn in unseren mit Wasser gefüllten Milchkrug. »Das ist jetzt unser Fischgefängnis« sagte das Kind. Das Gefängnis war ungeheizt, die Heimat des Fadenfischs sind die Tropen. Dieses Exemplar jedoch war so stark, dass es den Montagmorgen erlebte, zitternd, bibbernd, aber charakterlich ungebrochen, das heißt aggressiv und böse glotzend.

Jetzt kippten wir das Fischwasser in einen Tiefkühlbeutel und verschlossen diesen mit einem Gummi. Ich steckte die Tüte in meine Aktentasche, wegen der bitteren Kälte, und fuhr Richtung Zoohandlung. Der Händler öffnete gerade. Ich klappte die Aktentasche auf. In der Aktentasche schwappte bis oben hin Aquariumswasser. In dem Wasser schwammen mein Presseausweis, meine Lohnsteuerkarte, eine Einladung zum Abendessen bei jemandem, dessen Namen man nicht mehr entziffern konnte, kurz: alles, was sich in den letzten Wochen an wichtigem Papierkram zu mir verirrt hatte. In der Plastiktasche dagegen befand sich nurmehr eine Flüssigkeitsmenge, die in ein Schnapsglas gepasst hätte.

Der Fisch lebte noch immer. Ich hielt draußen vor der Zoohandlung die Tüte mit dem wild um sich beißenden Milošević hoch und rief: »Ein Notfall!«

Der Zoohändler will ihn vor ein internationales Ge-

richt aus Guppys, Wasserschildkröten und Zwergbar-
schen stellen. Dem Kind aber habe ich gesagt: Wo immer in Europa Unrecht geschieht, müssen wir handeln.
Gerade als Deutsche.

OLYMPISCHE SPIELE

Das Kind fragt: Wieso gewinnen bei den Langstreckenläufen eigentlich immer die Braunen? Ja, sage ich, das hängt mit dem Talent zusammen. Die Menschen haben nun mal unterschiedliche Talente. Außerdem ist es da in Afrika sehr hoch, Äthiopien, Höhenluft, Schnee auf dem Kilimandscharo, deswegen können sie besser laufen, oder es sind meinetwegen soziale Ursachen, aber wie das genau funktioniert, weiß ich nicht.

Das Kind denkt nach. Die Gene, sagt es, vielleicht hängt es mit den Genen zusammen. Ja, sage ich. Genau. Die Gene. Das Höhenluft-Gen.

Das Kind will sich von der Sklaverei der Gene befreien. Es läuft Marathon und möchte seinen Flachlandgenen zum Trotz Olympiasieger werden. Der Berliner Kinder-Marathon ist 4,2 Kilometer lang, ein Zehntel der Erwachsenenstrecke. Kannst du das überhaupt? So fragte ich im Vorfeld. Aber locker, antwortete das Kind.

Wenn es sich jetzt aber überschätzt hat? Wir suchen ein Fitness-Studio auf, das Kind stellt sich auf das Laufband und rennt zum Beweis 4,2 Kilometer. Kein einziges Tröpflein Schweiß nässt dabei seine Kinderstirn. Das Studio-Publikum versammelt sich rund um das Laufband, ein Raunen geht durch die Menge. »Nurmi«, flüstert jemand, »Emil Zatopek«, flüstert ein zweiter, der dritte aber sagt »Dieter Baumann« und fragt das Kind, welche Zahnpasta es benutzt.

Ein Taxi trug uns zum Start. Nach etwa einem Kilometer Rennen nahm ich erschöpft die U-Bahn. Das Kind aber lief trotzdem vor mir durchs Ziel. Jubel, Kurfürstendamm. Als ich ankam, schlenderte das Kind entspannt umher, hatte einen nassen Schwamm über seinem Köpfchen ausgedrückt und eine Medaille baumelte um das Hälschen.

Ein paar Wochen später sahen wir im Fernsehen Olympia. Und wir lernten, was »Kanu-Slalom« ist oder »Vierer-Verfolgungsfahren« oder »Beach-Volleyball«. Das nämlich sind die Sportarten, in denen die Deutschen gut sind.

Na ja, sage ich zu dem Kind, wir haben eben komische Gene. Das Kanu-Slalom-Gen. Aber dann hat mir das Kind erklärt, dass es mit dem Fernsehen zusammenhängt, mit »Wetten dass«. Seit vielen Jahren sehen doch alle Deutschen »Wetten dass«, stimmt`s? Es kommt in »Wetten dass« darauf an, eine besonders abseitige Sache besonders gut zu können – Bierkistenaufeinanderstapeln oder Buntstiftlecken oder so was. Das hat uns als Nation geprägt. Fast alle Disziplinen, in denen wir bei Olympia gewinnen, könnten deshalb sehr gut als Wette in »Wetten dass« auftauchen. Wetten, dass ich mit einem Kanu Slalom fahren kann? Falls es bei Olympischen Spielen so etwas wie die Saalwette gäbe, dann würden wir auch die gewinnen. Es sind also doch nicht die Gene, die eine Sportnation ausmachen. Es ist das Fernsehen.

Aber wie ist das mit Afrika, überlegt das Kind. Haben die in Afrika eine Fernsehshow, in der viel gelaufen wird? Nein, sage ich. Es gibt in Afrika nur ganz wenige Fernsehapparate. Die meisten Afrikaner sind arm. Um fernsehen zu können, müssen sie immer ganz weit laufen und möglichst schnell, sonst haben andere ihnen die besten Plätze vor dem einzigen Fernseher weit und breit weggeschnappt. Deswegen gewinnen die Afrikaner so viele Goldmedaillen im Langstreckenlauf.

OSTERN

Gott wunderte sich. Worauf wartete Noah bloß? Die Arche konnte in See stechen. Wohlan denn! ER sah auf seine Liste. Kein Zweifel, die Tiere waren alle da, sämtliche Spezies, die ganze sündige Mischpoke, die er lediglich auf Grund seiner allerhöchsten Gnade nicht übern Jordan gehen ließ.

Als Letzter war wie erwartet der doppelohrige quastenschwänzige Quadrudenschnups mit seiner Gemahlin erschienen, die arrogantesten unter den Tieren, trugen das Näschen immer am höchsten, wussten alles besser. ER zupfte sich seufzend den Regenmantel zurecht. Wenn diese pädagogische Maßnahme hier vorbei ist, gelobte ER sich, lasse ich mich nur noch in Gegenden nieder, wo die Sonne scheint. Ich muss zugeben, ich bin vom Typus her doch eher ein Schönwettergott. Italien! Arabien! Indien! Das sind meine Länder.

Damals galt übrigens das Q als der vornehmste Buchstabe. Deswegen hatte Noah, der Kapitän der Arche, nicht gerufen: Alle Tiere herkommen, wir erwarten eine Sintflut! Nein, er rief: Quadrilliarden von Quadrupeden sollen kommen. Quadrupeden sind Vierfüßler, und eine Quadrilliarde ist eine große Menge.

Jetzt sagte Noah: Der doppelohrige quastenschwänzige Quadrudenschnups quengelt. Er verlangt, dass es auf der Arche Schokolade gibt. Und Eierlikör. Er braucht das. Sonst wird er seekrank.

Noah zögerte. Dann fragte er: Allerhöchster, was ist überhaupt Eierlikör?

Gott zögerte ebenfalls. Sicher, ER konnte den Quadrudenschnups jederzeit in die ewige Verdammnis stürzen. SEIN Job gab das her. Dann würde es allerdings bis in alle Ewigkeit heißen: Bei der Sintflut zimmerte Noah auf Gottes Geheiß eine Arche und nahm alle Tiere auf, alles, was da kreucht und fleucht, von jeder Art ein Paar. Bis auf eine einzige Art. Die doppelohrigen quastenschwänzigen Quadrudenschnupse mussten jämmerlich ersaufen, nur weil sie zur Beruhigung ihres Magens ein bisschen Schokolade und ein Gläschen Eierlikör haben wollten.

Das würde in der Bibel zweifellos ein Stilbruch sein.

Ein Nein sähe so kleinlich aus, sagte sich Gott. Das wäre kein Zeichen von Führungsqualität. Und zu Noah sprach ER: »Ein jedes Tier nach seiner Art. Auf UNSERER Arche möge jedes Wesen, das ich schuf, nach seiner Facon glücklich werden.« Und stieg, seinen Ärger geschickt verbergend, wieder auf in SEIN Büro.

Auf den Planken der Arche aber türmen sich auf göttliches Geheiß Schokoriegel und Likörfässchen. Die Quadrudenschnupse luden ihre Freunde zum Feiern ein, die Quaggas, die Dronten, die Beutelwölfe, die Extrem Wasserscheuen Quastenfüßler und so weiter, es wurde eine lustige Seefahrt.

Am vierzigsten Tag begann der Wasserstand zu fallen. Die Arche stieß auf Grund. »Sintflut vorbei«, rief Noah, »alles aussteigen!«

Gott aber vergisst nichts. Die Quaggas, die Dronten und die Beutelwölfe ließ Gott bei der erstbesten Gelegenheit aussterben, weil sie mit den Quadrudenschnupsen auf der Arche gemeinsame Sache gemacht hatten. Man sieht sie heute manchmal noch ausgestopft in den Museen rumstehen. Die Extrem Wasserscheuen Quastenfüßler bekamen mildernde Umstände, weil Erzengel Luzifer ein gutes Wort für sie einlegte. »Die Quasties sind im Grunde in Ordnung, Chef«, sagte Luzifer, »das waren nur die sozialen Umstände, die auf der Arche für sie nicht so günstig waren.«

Gott ahnte nicht, dass Luzifer bald darauf von IHM abfallen würde. Die Extrem Wasserscheuen Quastenfüßler waren in Wirklichkeit die schlimmsten Schlingel von allen. Gerade das gefiel Luzifer so an ihnen.

Gott verdammte die Extrem Wasserscheuen Quastenfüßler dazu, ins Wasser zu gehen. »Ihr werdet von nun an und auf immerdar Quastenflosser gerufen«, sprach ER, »und jammert bloß nicht rum. Ist auf jeden Fall besser als aussterben. Wenn ihr`s nicht glaubt, fragt das Quagga.«

Später, nach dem Abfall Luzifers, überlegte Gott es sich anders. Aber die Quastenflosser zogen sich in die tiefsten Tiefen der Ozeane zurück, wo sogar Gott eine Brille braucht. Dort leben sie noch heute und träumen vom Festland.

Für die doppelohrigen quastenschwänzigen Quadrudenschnupse aber hatte Gott sich etwas ganz Besonderes einfallen lassen.

»ICH habe demnächst einen Sohn«, sagte er, »und immer, wenn der seinen höchsten Feiertag hat, sollt ihr allen Menschenkindern der Erde Schokolade und Eierlikör bringen, ach nein, sagen WIR lieber Schokolade und Eier, wegen des Alkohols. Und passt auf, dass jedes Kind genau die gleiche Quote kriegt. Ihr seht ein bisschen wie groß geratene Hasen aus, mit euren langen Ohren und euren albernen Quastenschwänzen. Also heißt ihr fürderhin und auf ewig Quosterhasen. Ach nein, das klingt blöd, besser: Osterhasen.«

So also sind die Osterhasen entstanden, und das Q ist aus der Mode gekommen. Inzwischen finden sie, dass sie es ganz gut getroffen haben, im Vergleich zum Quagga und zum Quastenflosser. Sie kommen viel rum. Die Kinder sind nett und freuen sich. Nur eines ärgert sie. Sie müssen sich immer verstecken. Sie leben tief unter der Erde, noch viel geheimer als der Weihnachtsmann. Denn Gott hat gesagt: »Die Kinder sollen nie sicher sein, ob es euch wirklich gibt. Es soll immer Erwachsene und oberschlaue Kinder geben, die behaupten, dass ihr nur eine Erfindung seid. Nie sollen die Menschen wissen, was es mit euch auf sich hat. Genau wie bei mir.« Gott lachte und freute sich über seine gute Idee. Dann bestieg er eine Wolke und fuhr zur Kur nach Italien.

PORNOGRAPHIE

Ihr Eltern der Welt! Geht mit euren minderjährigen Kindern besser nicht zur Love Parade. Wir haben das ausprobiert. Da geht es kein bisschen kindgerecht zu. Erst mal ist es sehr laut und sehr eng. Das ginge ja noch. Bei einem Kindergeburtstag ist es auch laut und eng.

Das Kind klammerte sich an uns und bekam schwitzige Händchen. Auch dies ist an und für sich noch nicht beunruhigend. Verhaltensforscher und Psychologen haben uns darüber aufgeklärt, dass ein gewisses Maß an Stress zum Wohlergehen sowohl der Gattung als auch des Individuums notwendig ist. Die Tiere im Zoo zum Beispiel. Den Tieren im Zoo fehlt der gattungsspezifische Stress. Sie sind überversorgt. Mit uns Bundesbürgern ist es schon fast genauso. Wenn wir in den Zoo gehen, sage ich dem Kind immer: »Siehst du, manchmal mache ich dir ein bisschen Stress, das tue ich aber nur, damit du nicht wirst wie dieser Eisbär hier, der immer im Kreis läuft und sich vor Langeweile stundenlang die Pfote leckt. Jedes Lebewesen braucht gattungsspezifische Herausforderungen. Beim Eisbären wäre das die Robbenjagd. Bei dir bin eben ich das.«

Man muss aber an die Folgen denken. Wie weise die Alten doch waren, als sie vor Tausenden von Jahren den Leitsatz erfanden: Bei allem, was du tust, bedenke die Folgen.

Später, wenn es fünfzehn ist, wird das Kind wegen

eines präpubertären Love-Parade-Traumas womöglich keinerlei Popmusik mögen. Das Kind wird alles Laute, Bunte, Fröhliche und Enge hassen, weil es dadurch an das schreckliche Love-Parade-Erlebnis seiner frühen Jahre erinnert wird. Es wird nicht in dekadenten Partykellern der jeweiligen Amüsiermode verfallen, sondern es wird still zu Hause sitzen und im Fernsehen den alten Biolek, Bonanza oder den Musikantenstadl anschauen. Oder es wird Kulturpessimist. Dann wird es alles verdammen, was gerade angesagt ist und was der Mehrheit gefällt. Es wird einsam sein. Ein Hagestolz in seiner Kemenate. Will man das verantworten?

Auch den Christopher-Street-Day kann ich als Eltern-Kind-Programm nicht empfehlen, wenngleich aus anderen Gründen. Wir waren natürlich da. Das Kind sagte: »Die Männer haben sich ja als Frauen verkleidet!« Ich antwortete: »Ja. Das macht den Männern Spaß.« Das Kind war fassungslos: »Da würde ich mich schämen!« Das durchschnittliche Kind denkt heutzutage in sittlichen Fragen konservativ, wenn nicht reaktionär.

Beim Nachhauseweg, vom Brandenburger Tor über die Straße des 17. Juni, bewegten sich links und rechts die Büsche des Tiergartens, ein bisschen wie in »Macbeth«, wenn sich der Wald auf die Burg zubewegt. Es steckten aber keine Krieger in den Büschen, sondern lebensfrohe junge Paare bei der gleichgeschlechtlichen Freizeitgestaltung. Wie lenkt man ein Kind ab? Man singt! Volksmusik! Aus grauer Städte Mauern, zieh`n wir in Wald und Feld! Hoch auf dem gelben Wagen! So zogen wir laut singend die Straße der Lust entlang. Das Publikum des Christopher-Street-Day musterte uns irritiert. Waren wir Provokateure? Teilnehmer? Gegendemonstranten? Sie wussten nicht, wo sie uns hintun sollten. Das war eigentlich ein recht schönes Gefühl.

Das interessanteste Berlin-Erlebnis in dieser Katagorie (nicht kindgerechte Geheimnisse des Lebens) hatten wir am Halensee, als wir nach einer Radtour durch den Grunewald ein kleines Bad nehmen wollten. Im seichten Wasser kniete ein Mann, der lediglich mit einem Hundehalsband bekleidet war. Der Mann knurrte und fletschte die Zähne. An der Leine führte ihn eine ebenfalls nackte Frau, eine recht stattliche Person, die in ihrer anderen Hand eine Lederpeitsche hielt. Eine Filmcrew, bekleidet, nahm das Ganze auf. Berlin ist nämlich auch eine Filmmetropole.

Das Kind sagt: »Schau mal, der Mann spielt, dass er ein Hund ist.« Und ich antwortete, wie immer: »Ja, das macht dem Mann Spaß.« Jetzt wedelte der Hundmann auch noch mit dem Schwanz. Diese ganze Stadt will unentwegt Spaß haben, wie soll man da Kinder großzichen?

Wer am Love-Parade-Wochenende nicht zur Love Parade geht, kann stattdessen andere Sachen machen. In den Freibädern ist es dann leer, weil die traditionell besonders freibadaktive Altersgruppe der 13- bis 18-jährigen sich komplett bei der Love Parade aufhält. Also, nächstes Jahr gehen wir schwimmen und lesen ein gutes Buch. Am Sonntag auch mal zwei. Ja, das Freibad ist auf vorbildliche Weise kindgerecht. Wehe, irgendwo bewegt sich ein Busch!

DAS REISEN

Vor allem auf eine Sache sollte man achten, wenn man mit Kindern verreist. Man sollte sorgfältig Gegenden meiden, die versuchen, mit dem Prädikat »Babydorf« oder »Besonders kinderfreundlich« für sich zu werben. Da ist der Wurm drin. Wir waren mal in dem so genannten Babydorf Trebesing in Österreich. Der Wurm, der in Trebesing drin ist, besteht aus der Autobahn. Es liegt direkt neben der Autobahn, und mit »direkt« meine ich: zirka zwanzig bis dreißig Zentimeter. Ja, sie haben da eine pittoreske Lärm- und Sichtschutzwand mit Alpin-Touch hingebaut, die kann sogar Jodeln und Schuhplattler tanzen, man kriegt fast nichts mit von der Autobahn, außer einem leichten Vibrieren. Trotzdem, wer will da hin?

Die Trebesinger sind babyfreundlich bis an die Grenze der Selbstaufgabe, aber manchmal kriegen sie so ein Glitzern in die Augen. Dieses Glitzern besagt: Wenn wir zwanzig Zentimeter neben dem Wolfgangsee liegen würden statt zwanzig Zentimeter neben der Autobahn, dann wären wir jetzt kein »Babydorf«, sondern ein »Millionärsdorf« oder wenigstens ein »Besserverdienendendorf« oder zumindest ein »Dorf mit super Landschaft drumherum«, und das würd uns schon ein bissel besser gefallen, gell.

Außerdem – es ist so furchtbar, all diese Leute mit den vielen Kindern. Links vibriert die Autobahn, rechts vibrieren die Babyphone, und überall ist ein Gesabber und Gegreine und Spinatausgespucke, wie man es allenfalls bei der eigenen Brut reizend findet. Im Babydorf gibt es das gleiche Problem wie im Altenheim oder bei »Gute Zeiten, schlechte Zeiten«, zu monothematisch, was die Altersstruktur betrifft. Man wird an solchen Orten alten- oder jugend- oder kinderfeindlich im Lauf der Zeit, dagegen lässt sich nichts machen.

Deswegen spielt diese Geschichte nicht im Babydorf, sondern im Griechendorf.

Die früheste Erinnerung des Kindes besteht aus einem Felsen auf Kreta, etwa vierzig Zentimeter hoch, an dem es sich im Alter von zweidreiviertel das Füßchen gestoßen hat. Das war am Strand der Gemeinde Georgiopoulos. Dabei haben wir bei der gleichen Reise eine echte Wasserschildkröte gesehen und sind in echte Lebensgefahr geraten und haben eine Menge gut aussehende ältere Damen kennen gelernt.

Die gut aussehenden älteren Damen haben uns schon beim Frühstück auf der Terrasse komisch angeschaut. Es waren, na, so sechs bis sieben, alle aus Deutschland. Einige reisten gemeinsam, andere waren alleine gekommen, jetzt waren sie ein Team. Ein gut aussehendes älteres Team, genau gesagt.

Die gut ausehende ältere Frau aus Griechenland existiert ja praktisch nicht, außer vielleicht in Athen oder Saloniki. Griechinnen sind jung und schön und tragen Miniröcke, oder sie sind alt und knorrig wie ein

Olivenbaum und tragen schwarze Kutten, dazwischen gibt es nichts. Die ältere Frau in Minirock und tief ausgeschnittenem Pulli, die gesundheitsbewusst lebt und »Kim« raucht und am Strand einen Bikini in der Farbe ihres Lidschattens trägt, ist eine Errungenschaft der Industriegesellschaft, bei deren Konstruktion die Deutschen besonders erfolgreich waren, ähnlich wie beim Automobilbau.

Wir waren zu zweit, das Kind und ich. Jedes Jahr verreisen wir einmal gemeinsam. Das hat sich irgendwie so entwickelt. Auf Kreta waren wir mit zwei Rucksäcken unterwegs, einem sehr großen und einem sehr kleinen. Aber wir sind schon am zweiten Tag in Georgiopoulos hängen geblieben.

Die älteren Damen haben mir immer gute Ratschläge gegeben. Jeden Tag zwei bis drei. »Sie müssen das Kind aber auch eincremen«, sagten sie. Und: »Vergessen Sie das Hütchen nicht, wenn Sie mit dem Kind an den Strand gehen.« Dabei lächelten sie. Es war ein falsches Lächeln. Ich lächelte zurück. Die Gesichter der älteren Damen spiegelten sich auf dem Bäuchlein des Kindes, denn das Bäuchlein glänzte unter einer zwei Zentimeter dicken Ölschwarte.

Viele Männer hätten gerne ein Kind oder auch zwei und haben keines, weil die Frau fehlt. Daran gibt es leider nichts zu deuteln: Ohne Frau geht in Hinsicht Fortpflanzung noch immer wenig. Wer dieses Partnersuche-Problem hat, der sollte sich einfach ein kleineres Kind ausleihen, so etwa achtzig bis einhundertzehn Zentimeter, und mit diesem Kind eine Reise machen. Es ist erstaunlich, wie die Attraktivität des männlichen Reisenden wächst, sobald er sich in Begleitung eines Kindes befindet. Vermutlich löst die Kombination aus erwiesener Zeugungsfähigkeit plus Fürsorglichkeit in der weiblichen Zirbeldrüse eine chemische Reaktion aus. Dieses Phänomen ist bekannt. Weniger bekannt ist die Tatsache, dass sich das emotionale Verhältnis der Frau zum allein reisenden Mann mit Kind etwa ab dem fünfzigsten Geburtstag ins Gegenteil verkehrt. Sobald die Frau das Fortpflanzungsalter hinter sich lässt, sieht sie in dem allein reisenden Vater, der in aller Öffentlichkeit die traditionelle Mutterrolle übernimmt, nicht mehr den potenziellen biologischen Partner, sondern den biologischen Rivalen. Sie geben ihm gern zu verstehen, dass er es in Sachen Mütterlichkeit nicht so gut kann wie sie. Das kränkt ihn. Denn wir Männer sind in Sachen Mütterlichkeit mittlerweile Spitzenklasse.

Wir saßen beim Frühstück. Die älteren Damen sagten: »Passen Sie auf, dass er auch genug isst! Verträgt er auch das griechische Öl? Manche Kinder haben eine Allergie dagegen. Passen Sie aber auch auf, dass er nicht zu viel isst, das kann beim Baden gefährlich sein! Und immer an das Mützchen denken! Vergessen Sie nicht die Sandflöhe!«

Es gibt einen Terror der Hilfsbereitschaft. Irgendwann im 21. Jahrhundert wird es irgendwo in der Dritten Welt den ersten Volksaufstand gegen die Hilfsorganisationen geben. Das Volk wird sich zusammenrotten, und sie werden die Helfer der FAO, der UNICEF, vom »Médecins sans Frontières« und sämtlichen anderen abgefuckten NGOs auf ihren staubigen Dritte-Welt-Straßen vor sich her treiben, Richtung Flugplatz. Help yourself, werden sie rufen, We don`t need no education, I would rather go blind, und was man sonst noch so ruft in solchen Situationen.

»Buddelzeug, Buddelzeug«, sagte das Kind. Also gingen wir zurück aufs Zimmer. Unser Hotel lag am Strand, ein paar Meter hinter den Dünen, Blick aufs Meer, sehr hübsch, und dabei wunderbar wohlfeil. Es war zehn oder elf Uhr. Eher elf. Das Buddelzeug lag auf dem Balkon. Ein rotes Eimerchen und ein gelbes Schäufelchen. Wir betraten den Balkon. In diesem Moment ging ein für die Jahreszeit ungewöhnlich heftiger Windhauch durch die südliche Ägäis. Die Balkontür flog zu. Dann herrschte wieder Windstille. Wir waren gefangen.

Unser Balkon lag zu einem Parkplatz hin. Der Parkplatz war menschenleer. Die Zikaden sangen ihr ewiges Lied. Ich klopfte gegen die Balkontür. Was hieß überhaupt »Hilfe, wir werden gebraten« auf Griechisch? Ich rief laut »Kalimera! Ochi! Jamas!«, das heißt alles nicht »Hilfe«, aber es würde die Menschen vielleicht neugierig machen und herbeilaufen lassen. In dem »Sprachführer Griechisch« unseres Reiseführers stand, was »Schuhgeschäft« und »Hafenamt« und »Bitte überprüfen Sie die Bremsen« heißt, aber so etwas Praktisches wie »Hilfe!« stand nicht darin.

Unsere Ausrüstung bestand aus zwei Badehosen, einem Plastikeimer und einem Plastikschäufelchen. Eingecremt waren wir noch nicht. Die griechische Sonne stieg und stieg. Obwohl es mir ein bisschen peinlich war, schrie ich mehrfach und mit verzweifeltem Unterton den Satz »Bitte überprüfen Sie die Bremsen« und das Wort »Schuhgeschäft« vom Balkon hinab. Doch die Rufe verhallten ungehört.

»Strand gehen«, sagte das Kind. »Setz dich mal da in die Ecke«, erwiderte ich. »Jetzt darfst du vor allem keinen Sonnenbrand kriegen. Und ich muss vor allem die Ruhe bewahren.« Mit meinem Körper gab ich dem Kind Schatten. Gleichzeitig versuchte ich, mit dem Plastikschäufelchen die Balkontür zu öffnen. Man mußte die Kante des Griffs vorsichtig in das Schlüsselloch einführen ... nein, besser mit der Schaufel aufstemmen ... oder vielleicht unten, wenn man unter dem Türschlitz nach dem Riegel angelt ... griechische 70er-Jahre-Balkontüren gegen deutsche 90er-Jahre-Plastikschaufeln, material- und verarbeitungstechnisch war es ein Kampf der Giganten. Nicht vergessen, dem Kind während des An-der-Türe-Herumbastelns mit dem Rumpf Schatten zu geben! Und die Sonne stieg.

Am Abend, auf der Hotelterrasse, machte das Kind einen tadellosen Eindruck. Fröhlich. Weißhäutig, mit einem ganz leichten Braunstich. Es hat gar nicht mitgekriegt, in welcher Gefahr wir schwebten. Es war ja noch klein. Ich dagegen war rot verbrannt. Geschwollene Nase, tränende Augen. Der Kampf gegen die Tür hatte fast zwei Stunden gedauert, währenddessen hatte ich dem Kind Geschichten aus der griechischen Mythologie erzählt. Die Argonauten. Troja. Odysseus. Ikarus, der Junge, der zur Sonne flog.

»Sie müssen aber auch daran denken, sich selber einzucremen«, sagten die gut aussehenden älteren Damen. »Das mit dem Kind klappt ja schon recht gut.«

Es war ein Punktsieg. Aber sie werden uns nie wirklich respektieren. Niemals.

Am nächsten Tag stieß sich das Kind an dem Felsen das Füßchen, es schrie, es blutete, und ich trug es an den älteren Damen vorbei hoch in unser Zimmer, um das Füßchen zu kühlen und zu verbinden und um zu trösten und all das. Die älteren Damen sahen mich verächtlich an. Ein blutendes Kind.

Das Volk der Apachen und der weiße Mann haben Frieden geschlossen. Eines Tages wird auch Frieden herrschen zwischen Serben und Albanern. Aber zwischen den älteren Damen und den allein reisenden Vätern mit Kind wird niemals Friede sein.

DER SPIELPLATZ

Allmählich wächst das Kind aus dem Spielplatzalter heraus. Das passiert so mit acht, neun. Mit zwölf, dreizehn ist das Kind plötzlich wieder im Spielplatzalter drin. Dann werden die Spielplätze zum Heimlich–die-erste–Zigarette-Rauchen genutzt oder zum Heimlich-mit–Elke-Rumknutschen. Die typische Zweitnutzung. Vor allem Spielplätze mit Hecken sind gut geeignet. Die Drittnutzung erfolgt, wenn die Kinder selber Eltern geworden sind. Die Viertnutzung des Sozialangebotes Spielplatz findet statt, wenn du ein alter Opa oder eine alte Oma geworden bist, dann wackelst du an deinem Stöcklein zum Spielplatz, kriegst einen Fußball an den Kopf und beschwerst dich mit knarzender Stimme über die Jugend.

Zu welcher Generation die Kinder von heute wohl mal gehören? Nicht zur Generation Golf, denn die haben wir jetzt gerade. Die ist lieb. Unsere Kinder gehören wahrscheinlich auch nicht zu der Generation, die nach der Generation Golf kommt, sondern schon wieder zur übernächsten, das ändert sich ja so etwa alle zehn Jahre, das geht husch, husch. Für die Bildung tun sie nix, bei den Generationen sind sie fix.

Erinnert sich noch jemand an die GoGo's? Die Go-Go's – das große G in der Mitte und der Apostroph standen nun mal auf den Tüten drauf, und wir wollen historisch korrekt sein – stammten aus Spanien und waren so hässliche Plastikknubbel zum Auf–dem–Schulhof–damit–Herumwerfen. Auch auf Spielplätzen wurde viel damit rumgeworfen. Millionen von deutschen Kindern kauften am Ende des 20. Jahrhunderts von ihren Taschengeldern Myriaden von spanischen GoGo`s, und unten an der Costa del GoGo erblühte eine mächtige GoGo-Industrie, olé! Die Generation GoGo verschwand so plötzlich, wie sie entstanden ist. In den Zeitungsläden selten benutzter Seitenstraßen sieht man noch manchmal vereinzelte GoGo-Tütchen, dünnlippig und eingestaubt, weil keiner sie liebt. An der Costa del GoGo aber schieben Millionen von arbeitslosen GoGoistas Kohldampf.

Das Kind wird später einmal in der Generationenfrage schillernde Antworten geben können, weil es von früh auf Generationen-Hopping betrieben hat. Wenn wir auf den Fußballplatz oder ins Schwimmbad oder sonstwo hin gehen, wo man zur Kasse gebeten wird, schaue ich erst mal nach, ab wie viel Jahren es für die Kinder Eintritt kostet. Dann bitte ich zum Beispiel das Kind: »Spiel jetzt mal, dass du fünf bist.« Das Kind will ohnehin Schauspieler werden. Es klappt auch bemerkenswert gut, Mimik, Körpersprache, Blick, alles sitzt. Natürlich gibt es Grenzen, den Dreijährigen bekommen wir nicht mehr überzeugend hin. Aber Götz George spielt ja auch keine Abiturienten mehr.

Auf die Generation GoGo ist übrigens die Generation Pokémon gefolgt. Das ist was Japanisches, hässliche Phantasietiere, die gegeneinander kämpfen. Zuerst gab es Pokémon als hässliches Gameboy-Spiel, danach sind hässliche Sammelkarten, hässliche Kuscheltiere und eine hässliche Fernsehserie auf den Markt gekommen, schließlich entstand der lang erwartete hässliche Kinofilm. In Pokémon Valley auf Hokkaido mästen sich japanische Pokémon-Packer und drittklassige Pokémon-Designer an den Taschengeldgroschen der deutschen Kinder, und was tut unsere deutsche Spielzeugindustrie? Na, ich vermute mal, sie stellt Holzspielzeug her. Die Deutschen haben nicht nur in der Computerbranche den Anschluss verloren.

Spielzeugherstellerregel Nummer eins: Das moderne Kind will es hässlich. Niemals Holz. Plastik muss es sein oder Press-Schaum. Verachtungswürdiges Design, Brechreiz verursachende Haptik. Ein erfolgreiches Spielzeug muss sich klebrig, schleimig oder schweißig anfassen, ein fragwürdiges pädagogisches Konzept verfolgen und intensiv nach offenem Geschwür riechen. So und nicht anders mag es die Generation Pokémon.

Was die Generationenfolge betrifft, steckt die Welt voller ungelöster Rätsel. In meiner Jugend sah man oft alte Männer in staubigen Jacketts, die ihre Hosen bis zu den Brustwarzen hochgezogen hatten, und alte Frauen mit karierten Kittelschürzen. Die jungen Männer und die jungen Frauen sahen natürlich anders aus. Das ist jetzt 30 Jahre her, inzwischen sind die alten Männer und Frauen tot, außer Leni Riefenstahl. Aber, o Wun-

der, neue alte Männer mit staubigen Jacketts und Brust-
hosen sind nachgewachsen und neue alte Frauen in
karierten Kittelschürzen. Vor 40 Jahren haben sie vielleicht Elvis gehört und mit Hula-Hoop-Reifen getanzt,
aber heute sehen sie nicht etwa wie ein alter Elvis Pres-
ley aus, sondern genau so, wie in ihrer eigenen Jugend
die alten Leute ausgesehen haben. Vielleicht haben die
Walt-Disney-Leute Recht, und es gibt in Wirklichkeit gar
keine Generationenfolge, sondern alles ist in Wirklichkeit ein Kreislauf, The Circle of Life, wie es in »König
der Löwen« behauptet wird ... ach, man könnte stundenlang darüber nachdenken, wenn man es nicht so eilig hätte, zum Spielplatz zu kommen. Vorher überprüfen wir noch schnell den Sitz unserer Hose. Und hinter
dem Spielplatz flüstert eine große Hecke dem Kind
zu: Wenn du dreizehn bist, zeig ich dir was.

TIERSCHUTZ

Seit den späten sechziger Jahren werden Kinder gerne zu Demonstrationen mitgenommen. Das setzt dann hin und wieder zornige kleine Kommentare in der Presse, in denen vom Missbrauch der unschuldigen Kleinen durch ihre manipulativen Eltern die Rede ist. Kann ja sein, vor allem, wenn man die unmündigen Wesen Schildchen hochhalten lässt, auf denen steht: »Auch ich fordere eine radikale Senkung der Branntweinsteuer – der Branntwein ist unsere Zukunft.« Aber in vielen Fällen nehmen die Eltern ihre Kinder einfach mit, weil sie keinen Babysitter bezahlen wollen und weil das Kind schließlich irgendwo bleiben muss und weil drittens so eine Demo ganz lustig sein kann, es wird gesungen, man darf mitten auf der Straße laufen, Polizeipferde apfeln den öffentlichen Raum zu, nicht zu vergessen die Sambagruppen.

Überhaupt, wenn man Kinder mit Politik in Kontakt bringt, kriegt man immer den Manipulationsvorwurf zu hören. Die unschuldigen Kinder, sie sind doch so leicht zu beeinflussen, heißt es dann, sie wissen doch erst so wenig von der Welt. Erwachsene beeinflussen aber Kinder immer, egal, wie sie sich verhalten, und ein offenes Wort ist allzumal die bessere, weil fairere Lösung. Warum mit versteinerter Miene dasitzen, sobald im Radio, im Fernsehen oder in der Zeitung Helmut Kohl auftaucht, warum nicht sagen: Ein Bundeskanzler soll sich an die Gesetze halten, der da hat sich nicht an die Gesetze gehalten, das finde ich nicht gut. Später gehen die Kinder sowieso ihren eigenen Weg, womöglich bauen sie eines Tages am deutschen Eck ein Denkmal für Helmut Kohl, um ihre Väter zu beschämen, da muss man sich keine Sorgen machen. Außerdem: Wenn man alle Leute vom politischen Geschehen ausschließen wollte, die leicht zu beeinflussen sind und von den Fakten keine Ahnung haben, müsste man etwa 70 Prozent der erwachsenen Bevölkerung das Wahlrecht entziehen.

Mit dem politischen Bewusstsein der Tiere ist es wieder etwas anderes. Politische Demonstrationen mit Tieren dabei gibt es nur selten. Warum eigentlich? Während der BSE-Krise hätte ich als Bauernfunktionär eine zehntausendköpfige Rinderherde über den Ku`damm getrieben, das hätte Eindruck gemacht, und dass es sich bei den Teilnehmern einer solchen Demonstration um von der Politik existenziell Betroffene handelt, ist schwer zu bestreiten.

Die letzte Tier-Demonstration, an die wir uns in Berlin erinnern können, ging aber gegen das Kampfhundeverbot. Einige Besitzer wollten ihren Kampfhunden gelbe Judensterne aufkleben oder aufbinden, um zu zeigen, in welcher unseligen Tradition ihrer Ansicht nach das Kampfhundeverbot steht. Aber es gab im Vorfeld bei den Meinungsführern ein Rumoren und Stirnerunzeln und Kritisch-den-Kopf-Wiegen, weil die Juden im Dritten Reich ja doch nicht exakt die gleiche Rolle gespielt haben wie die Kampfhunde heute. Deswegen wurde die Idee mit den Sternen wieder aufgegeben. Es ist sowieso nicht leicht, an einem durchschnittlichen Kampfhund einen Judenstern zu befestigen. Beinbinde geht nicht, weil die Hundebeinchen viel zu dünn sind, beim Aufmalen muss der Hund hinterher aufwendig gewaschen werden, und beim Anheften würde der Kampfhund sehr wahrscheinlich beißen, gutmütig ist er ja in der Regel nicht. Das war mit den original Judensternen einfacher.

Das Kind will übrigens keinen Hund. Dem Himmel sei Dank. Irgendwann aber kommt bei jedem Kind der Tag, an dem es ein Tier haben möchte, dicht gefolgt von jenem zweiten Tag, an dem das Kind ein zweites Tier will. Ein Aquarium besitzt das Kind schon, mit Fischlein, die munter umherschwimmen, bereit, den Menschen Liebe zu geben und Liebe von ihnen zu empfangen, sich gegenseitig zu begatten und aufzufressen und all das.

»Fische kann man nicht streicheln«, sagt das Kind. »Außerdem bin ich über das Aquarium hinausgewachsen. Nehmt ihr es.«

Hm. Eine Katze hatten wir bereits, Katzen leben lange und verlangen viel Zuwendung, was ist, wenn das Kind in wenigen Monaten auch über die Katze hinauswächst? Hamster sind geistig nicht rege. Ratten sind klug. Die Ratten in unserem Bekanntenkreis aber sind, wie so viele Intellektuelle, psychisch labile Persönlichkeiten, die mit dem Kopf wackeln, scheinschwanger werden oder mit Kot nach ihrem Pfleger werfen.

Also gehen wir zum Zoohändler, und unsere Rede ist in etwa die folgende: »Wir möchten ein Tier haben, das man anfassen kann, das intelligent ist und lebhaft, aber auf keinen Fall nachtaktiv, denn nachts soll es in der Wohnung ruhig sein, ein Tier, das nicht viel Arbeit macht, mit dem man gut spielen kann, das es einem aber nicht krumm nimmt, wenn man plötzlich nicht mehr mit ihm spielt, kurzum ein seelisch robustes pflegeleichtes sympathisches Tier, das nicht viel Geld kostet und nicht mit Kot wirft und nicht viel Platz braucht und cool aussieht und eine unverwüstliche Gesundheit vorweisen kann.«

Der Zoohändler geht nach hinten und kehrt mit zwei Wasserschildkröten zurück. Sie heißen Shiggy und Turtok, nach zwei berühmten Pokémon-Kampfmonstern. Shiggy und Turtok sind grün und bewohnen ein Terrarium mit Wasser und einer Insel. Sie kriegen zehn Punkte für Coolheit und zehn Punkte für sympathisches Auftreten und zehn Punkte für emotionale Anspruchslosigkeit. Wegen exzessiven Schmutzens ziehen wir zwei Punkte ab. Wasserschildkröten vollbringen auf dem Gebiet des Ins-Wasser-Kotens Leistungen, die man gesehen haben muss, um sie nicht für unmöglich zu halten.

Obwohl sie grüne Kampfschildkröten sind, verhalten sich Shiggy und Turtok friedlich zueinander. Wenn ich allerdings ein Krabbelinsekt wäre, dann würde ich die Nähe von Shiggy und Turtok meiden. Seit wir Shiggy und Turtok haben, ist unsere Wohnung insektenfreie Zone.

Jetzt sagt das Kind: »Kampfhunde werden verboten. Meinst du, die Regierung verbietet auch grüne Kampfschildkröten?«

Nein! Wenn die Herrschenden die grünen Kampfschildkröten verbieten wollen, werden wir eine Demo auf dem Ku`damm veranstalten. Alle Kampfschildkrötenbesitzer Berlins, solidarisch vereint, und wir werden unseren Schildkröten zum Protest gelbe Sterne auf die Panzer kleben, dass es nur so schnackelt.

TOLERANZ

Ein dreifach donnerndes »Hip, hip, Hurra« auf Multikulti! Deutschnational sind wir schon mal nicht.

Die Völker sind verschieden, das stimmt schon. In den USA betrat ich einen Supermarkt und ging staunend lange Regale mit Arzneien gegen jedes nur erdenkliche Zipperlein entlang. Die dürfen dort alle möglichen Medikamente einfach so ins Regal stellen, sofern das Medikament nicht Nikotin enthält und solange auf dem Beipackzettel keine kommunistische Propaganda steht. Andererseits müssen die Amerikaner auf die Pappbecher bei McDonald`s »Vorsicht! Heiß!« draufschreiben. Ein Pappbecher mit Kaffee gilt als gefährlich, Medikamente gelten als harmlos – so unterschiedlich empfinden die großen Weltkulturen beim Thema »Sicherheit von Lebensmitteln«. Ich lud den Einkaufswagen mit Pillen und Wässerchen voll, die mir vom Design oder der Rezeptur her interessant vorkamen. Seitdem schlucke ich gelegentlich zum Spaß eine amerikanische Pille gegen Haarausfall, Pfeiffersches Drüsenfieber oder Wechseljahrbeschwerden und warte ab, was passiert. Es passiert nie was. Sonst wären die Amerikaner ja längst ausgestorben. Das, was die Amerikaner mit ihren Mitteln gegen Haarausfall und Wechseljahrbeschwerden tun, mag einem fremdartig oder sogar unsinnig vorkommen, aber man sollte es respektieren.

Angehörige andersartiger Nationen stoßen auch bei

uns zu Hause in ihrer jeweiligen Andersartigkeit jederzeit auf Akzeptanz, da gibt es nix. Obwohl es einem die anderen Nationen nicht immer leicht machen. Denn das Kind sieht fern, dadurch erfährt es so allerlei.

Letztes Wochenende haben wir ein Hühnchen gebraten. Das Kind sagte: »Ich mag das Hühnchen nicht. Es ist ein belgisches Huhn. Belgisches Essen ist giftig.«

Ich antwortete: »Nein, keine Angst. Das Huhn kommt aus Deutschland. Ein deutsches Huhn. Bestimmt.«

Das Kind war nicht zu überzeugen. Es fragte: »Stimmt es, dass die Belgier auch die Cola vergiftet haben?« Ich antwortete: »Nicht *die* Belgier. Einige Belgier. Es gibt sehr viele nette Belgier. Belgier, die keine Cola vergiften. Belgier sind Menschen wie wir.« Die übliche liberale Tour. Ob es was genutzt hat?

Vierzehn Tage davor wussten die Kinder nicht einmal, dass es Belgien gibt, jetzt äußerten sie schon eine dezidierte Meinung dazu. Es besteht die Gefahr, dass eine belgierfeindliche Generation heranwächst. Da kommt eine Herausforderung auf Schulen und Elternhäuser zu – vielleicht sollten wir deutsch-belgische Wochen veranstalten, mit gemeinsamem deutsch-belgischem Eierkuchenessen. Aufklärung ist wichtig. Aber erst in ein paar Monaten, wenn die Aufregung sich gelegt hat.

Deutsche Hühner für deutsche Kinder! Wir sind auf einen Kinderbauernhof gefahren und haben uns das deutsche Huhn in Aktion angeschaut. Der Kinderbauernhof hieß »Storchenwiese«, es gab Schafe, Zie-

gen, Ponys, Meerschweinchen, Kaninchen, eine 75-jäh-
rige Schildkröte, einen Heuboden und einen Biergarten. Alles, bloß keine Störche. Kinder dürfen die Tiere
anfassen, bis diese wegrennen oder zubeißen, das ist bei
einem Kinderbauernhof alles im Preis drin.

Ja, und Hühner waren da. Deutsche Hühner. Sie
pickten zufrieden im Sand. »Die Belgier sperren ihre
Hühner in Fabriken ein«, sagte das Kind, »wo sie sich
kaum bewegen können.« Ich antwortete: »Das machen
die Deutschen leider auch. Das hier sind besondere
Hühner. Die haben verdammtes Glück gehabt, diese
Hühner hier.« Mein Sohn schaute mich an. »Immer
hältst du zu den blöden Belgiern«, sagte er. Ich schwieg.
Auf die heranwachsende Generation werden wir gut
aufpassen müssen.

DIE TÜRKEI

Wir sind auf den allerletzten Drücker zur Expo gefahren, unter anderem, weil am vorletzten Expo-Tag Britney Spears auftrat, die Sängerin, die »Ups, ich hab es getan« singt und »Ich bin nicht so unschuldig, wie ihr denkt«.

Das Kind steht auf Britney Spears. Das Konzert war dann leider ausverkauft. Im Grunde war bei der Expo alles ausverkauft oder überfüllt, aber es war für jeden Geschmack etwas Ausverkauftes oder Überfülltes dabei. Die Wartezeit für die Hauptattraktionen betrug zwei Stunden, ein Döner kostete neun Mark. Also vertrieben wir uns die Zeit am Stand von Armenien, wo wohlfeile landestypische Buttermilcherzeugnisse ausgeschenkt wurden, und bei den Moldawiern, die handgeschmiedete Produkte der moldawischen Computerindustrie ausstellten, total robust. Nach einem Atomkrieg wird es auf der Erde nur noch Silberfischchen, Stubenfliegen und moldawische Computer geben.

Ach, dachte ich, wenn du jetzt ein Moldawier oder ein Portugiese oder wenigstens ein Münchner wärst, dann würde es dir auf der Expo prima gefallen, dann würdest du jetzt »super« rufen, du würdest auf den Expo-Straßen tanzen und »Buttermilch für alle!« rufen, aber du bist ein typischer Deutscher und hast deswegen immer an allem etwas rumzumeckern. Das Kind ist anders, positiver, die neue Generation. Dann standen wir vor einem Pavillon, der außen herum vergittert war. »Das Haus kenne ich! Da hat Prinz August drangepullert!«, rief das Kind begeistert. Ach ja, stimmt, diese Sache. Das hatte man schon beinahe vergessen. Aber die Kinder sind das Gedächtnis der Welt.

Nur wegen Prinz August bestand das Kind darauf, den türkischen Pavillon zu besichtigen. Wir warteten fast eine Stunde. Innen zeigte man neueste Grabungsergebnisse aus dem anatolischen Bergland, sehr interessant, aber das Kind hatte etwas anderes erwartet. Es hält die Türkei für ein Land, in dem fäkale und genitale Angelegenheiten die alles beherrschende Rolle spielen, und nicht etwa archäologische.

»Darf ich jetzt auch an das Haus pullern, wie der Prinz?«, fragte es. »Nein«, sagte ich. »Das würde die Türkei als eine schwere Beleidigung empfinden. Auch bei einem Kind. Die türkische Kultur ist nun mal so. Damit müssen wir uns abfinden.« »Gibt es Länder, die so was nicht als Beleidigung empfinden?«, fragt das Kind. »Na ja«, sagte ich, »begeistert über das, was der Prinz gemacht hat, wäre wahrscheinlich kein Land, aber es gibt natürlich liberale Länder, die nicht leicht aus der Fassung zu bringen sind.« »Zum Beispiel?«, fragte das Kind. »Skandinavien«, sagte ich aufs Geratewohl. »Dänemark, Schweden und so weiter. Die skandinavische Kultur ist extrem tolerant. So ein waschechter Skandinavier hat die Ruhe weg.«

Das Kind sagte: »Bring mich jetzt bitte schnell zu

einem skandinavischen Pavillon. Ich muss ganz dringend.« Als alles getan war, breitete es seine Arme aus wie Leonardo di Caprio in »Titanic« und rief: »Ich hab`s getan, ich bin ein Prinz!« Und zum Abschluss der Expo spielte tatsächlich eine Band mit dem Namen »Die Prinzen«. Das hat Birgit Breuel sich fein ausgedacht.

WEIHNACHTEN

Wir kaufen den Weihnachtsbaum immer am letzten Tag. Dann gehen wir, das Kind und ich, zum nächstgelegenen Weihnachtsbaumhändler, dessen Bestände schon stark ausgedünnt sind. Wir deuten auf eine picklige Nordmanntanne mit galoppierender Astschwindsucht oder auf einer hyperventilierende Gelbkiefer – schwerer Fall von Borkengicht, Pflegestufe 2 – oder auf eine grämliche Blaufichte mit ekligem Schorf und Eiterbeulen und Klumpfüßen mit Blaufichtenfußpilz. Denn allzu wählerisch darf man am letzten Tag nicht mehr sein. Wir bieten diesen von der Natur benachteiligten Wesen ein warmes Heim, wir schmücken und hegen sie, als seien sie Prinzessinnen. Wir sind das Asyl für die Verachteten und Entrechteten unter den Weihnachtsbäumen.

Unseren Baum tragen wir liebevoll nach Hause, vorne trägt der Vater, hinten trägt das Kind. Der Baum ächzt und jammert, weil er denkt, es geht zur Schwundholzpresserei. Es läuft Eiter und Schmodder und Schlimmeres aus ihm heraus und über unsere Hände, er riecht übel und wirft milbenübersäte Nadeln ab, und aus der Krone heraus sabbert er panisch. »Armer, kranker Baum«, sagt das Kind, »bald geht es dir besser.«

Zu Hause wird der Baum erst mal warm geduscht, denn wir haben einen Warmduscherhaushalt. Dann föhnen wir ihn trocken und verbinden seine Wunden mit Moltofil, und er kriegt eine warme Hühnersuppe. Der Baum sieht jetzt tatsächlich etwas besser aus. »Das Leben kann schön sein, Baum«, sage ich, der Baum grunzt zustimmend. Wir schmücken ihn, wie der Brauch es gebietet. Wir tanzen um ihn herum. Wir singen mit ihm. »Du bist der Star! Du heißt Madonna!«, ruft das Kind, damit der Baum wieder ein bisschen Selbstbewusstsein tankt. Er ist immer noch krumm und schrundig und hat fast keine Nadeln, durch das Moltofill sickert gelblich der Eiter. Andere Familien mögen prächtige Weihnachtsbäume besitzen, stramme stiernackige Geschöpfe, bei denen die Besucher »Heureka!« rufen. Ich beneide diese Leute nicht. Es sind Spießer. Unser Baum ist dankbar. Er gibt uns so viel.

Auf diese Weise vergehen die Weihnachtstage. Der Baum nimmt an Gewicht zu, es wachsen ihm Nadeln, er beginnt appetitlich zu duften. Gleichzeitig wird er allerdings in seinem Wesen fordernder. Morgens ruft der Baum mit knarzender Stimme: »Wasser!« Am Wochenende verlangt er, am Potsdamer Platz spazieren getragen zu werden, abends schaut er mit offensichtlichem erotischen Interesse »Sabine Christiansen«. Nie beteiligt er sich an den Hausarbeiten, Geschirrabtrocknen lehnt er ab. Irgendwann Anfang Januar wird uns der Baum zu unverschämt und zu lästig. Dann kippen wir ihn aus dem Fenster, die Müllabfuhr holt ihn ab.

Sein Leben war kurz. Aber es war erfüllt, zeitweise wurde er sogar geliebt.

So, und jetzt gehen wir wieder mal los, das Kind und ich, kurz bevor die letzten Baumhändler zumachen. Irgendwo da draußen wartet ein hoffnungsloser Fall. Vorher setzen wir noch die Hühnersuppe auf.

DER WANNSEE

Wenn es warm wird, gehen die Väter mit ihren Kindern schwimmen. Klar doch. Das tun die.

Aber wo? Es gibt zahlreiche Menschen, die etwa eine Stunde tief in das so genannte Umland hineinfahren, sich dort im dicht gedrängten Kreise ihrer Artgenossen an das Ufer eines Umlandsees legen, anschließend zweieinhalb Stunden zurückfahren – schrecklich, diese Staus! – und am nächsten Morgen im Büro erzählen: War wieder mal ein schöner Tag, da draußen bei denen im Umland.

Diese Menschen machen sich etwas vor.

Wer in Deutschland dreieinhalb Stunden investiert, um ein Gewässer zu erreichen, verhält sich unklug. In Saudi-Arabien dagegen wäre solch ein Verhalten okay.

Andererseits: Wer verbringt seine Freizeit schon gerne auf der Baustelle? Fast noch ein Knabe war ich bei meinem ersten Besuch im Strandbad Wannsee und wunderte mich über rostige Metallträger, die aus zerbröselnden Betonwänden herausragten. Auch die Badegäste machten durchweg einen mitgenommenen Eindruck, sie lehnten erschöpft an den Wänden der behelfsmäßgen Trinkhallen, wo einarmige Zapfer in Behelfsbierbechern Behelfsbier ausschenkten. So also sah ein unsterblicher Hauptstadt-Mythos aus: wie der Führerbunker und seine Verteidiger im Mai 1945.

Nun werde ich langsam grau und krumm, hinter

der nächsten Wegbiegung warten Enkelkinder, Gicht und Minirente, aber am Strandbad Wannsee ragen noch immer rostige Metallträger empor, und die Bauarbeiter zischen ohne Hast Molle um Molle. Bevor ich sterbe, würde ich gerne den Weltfrieden hergestellt sehen und einen Sommer in einem fertigen Strandbad Wannsee erleben, aus Letzterem wird sicher nichts.

In den alten Büchern lesen wir staunend, dass unsere Ahnen Reichstage, S-Bahn-Systeme und, jawohl, sogar Strandbäder in wenigen Jahren bauen konnten, wetterfest, formschön und schlüsselfertig. Uns ist diese Fertigkeit abhanden gekommen. Bei uns dauern schon die Reparaturen Jahrzehnte. Das Olympiastadion! Das Brandenburger Tor!

Die Skeptikusse und die kritischen Hinterfragerinnen werden jetzt einwenden: Aber der Potsdamer Platz. Aber das Kanzleramt. Aber das Hotel Adlon. Das ging doch alles recht fix, kaum zehn Jahre nach dem Beschluss, Berlin zur Hauptstadt zu machen, stand das da und war in gewisser Weise fertig.

Dazu sage ich: Stimmt. Ein gutes Gegenbeispiel. Man kann eben alles von zwei Seiten sehen und kommt dabei in letzter Konsequenz oft zu den unterschiedlichsten Ergebnissen.

Wir schwimmen am liebsten an der Bürgerablage. Die Bürgerablage ist eine der offiziellen kostenlosen Badestellen, im Berliner Nordwesten, in der Nähe von Hakenfelde. Ein kleiner Strand, ein Steg, ein Blick. Dahinter Wald. Allein schon die Süße dieses Urberliner Namens lockt uns an. Jawoll, wir sind die Bürger. Und wir legen uns ab. Oder werden wir abgelegt, von Staats wegen? Weil die Sonne scheint, lassen wir das dem Staat ausnahmsweise einmal durchgehen.

Direkt am Ufer stehen Bäume, von denen das Kind ins Wasser springt, und im Wasser schwimmen Boote, die nichts dagegen haben, wenn das Kind auf sie zupaddelt. Ganz in der Nähe war früher die Grenze.

Siebziger Jahre. Ein heißer Sommer. Ich fahre auf der Transitstrecke Richtung West-Berlin und biege auf einen Parkplatz ein, für ein kurzes Nickerchen. Es ist zwei Uhr morgens. Auf dem Parkplatz steht ein Jeep, und um den Jeep herum stehen vier oder fünf russische Soldaten. Sie haben eine Reifenpanne. Einer der Soldaten winkt. Er sagt: »Auto kaputt. Kaserne fahren?« Die hatten weder Ersatzreifen dabei noch ein Funkgerät, das muss man sich mal vorstellen, armes Russland. Also habe ich sie in das Auto gequetscht und in ihre Kaserne gebracht, irgendwo in Potsdam. In Potsdam war ich noch nie gewesen. Die Russen weckten ihren Dolmetscher, der einen gestreiften Schlafanzug trug, und wir haben Aprikosenlikör getrunken. An der Wand hing eine Deutschlandkarte mit bunten Fähnchen darauf. Die ganze Zeit dachte ich: »Das wird Ärger geben. Wenn das mal nicht unheimlich viel Ärger gibt.« Dann fuhr ich zum Grenzübergang, beschwingt vom Aprikosenlikör, und der Ärger begann.

Mein Wagen wurde sofort zur Seite gewunken. Sie führten mich in einen fensterlosen Container. Dann wurde ich von drei Männern nacheinander vernommen, ich dachte: Stasi, na prima, das dauert wahrscheinlich ein paar Stunden. Meine Aussage lautete: »Die Russen haben befohlen, dass ich sie in ihre Kaserne fahren soll. Soweit ich weiß, haben die Russen hier in der DDR eine Menge zu sagen. So steht es bei uns in der Zeitung. Deswegen habe ich mich nicht getraut, ihnen zu widersprechen.« Die Stasi-Leute wurden ärgerlich. »Sie! Die DDR ist ein souveräner Staat. Sowjetische Soldaten haben Ihnen auf DDR-Territorium gar nichts zu befehlen.« Ich antwortete: »Das sollten Sie mal besser den sowjetischen Soldaten sagen.«

So ging es hin und her. Jeder Stasi-Mann war offenbar ranghöher als der vorherige, immer stellten sie die gleichen Fragen, immer reagierten sie an der gleichen Stelle der Erzählung verärgert. Je ranghöher die Stasi-Männer wurden, desto freundlicher und ziviler im Ton wurden sie allerdings. Es ist in jeder Hierarchie das Gleiche, nach oben hin wächst die Chance, auf geistig bewegliche Personen zu treffen. Wenn die Welt nur noch aus Aufsichtsratsvorsitzenden bestünde, wäre zumindest der Umgangston angenehmer. Ist das nicht im Kern die Idee von der Diktatur des Proletariats?

Zum Schluss plauderten wir über Freiburg, wo ich studierte, und über die dortige »Badische Zeitung«. Sie kannten alle Redakteure und wussten über die aktuellen Leitartikel weitaus besser Bescheid als ich. Die Situation war nicht furchteinflößend. Mit dem letzten, ranghöchsten Stasi-Mann hätte ich mich gerne einmal privat getroffen, er war sehr klug und kein Dogmatiker. Ob ich ihnen neue Informationen geliefert habe? Habe ich etwas unterschrieben? Keine Erinnerung. Gegen Mittag bekam ich ein Leberwurstbrot. Danach wurde ich, vermutlich mit der Diagnose »harmloser Irrer«, in den Westen entlassen. Die Sonne brannte, die Leberwurst lag schwer im Magen.

Meistens liegen an der Bürgerablage hochintelligente Leute ab, aber keine Spitzenverdiener. Die weniger intelligenten Leute liegen im Umland, die Begüterten liegen an ihren Swimming Pools. Vielleicht verkehrt hier sogar der Stasi-Offizier, einer wie er hat im Westen ja keine Super-Karriere mit Poolperspektive vor sich gehabt. Hinter der Bürgerablage befindet sich ein Waldlokal, schattig, mit Seeblick. Dort gibt es, was Berliner Väter nach dem erquickenden Bade brauchen – Hirschgulasch, Eisbein, Königsberger Klopse, die heimische Küche in all ihrem Facettenreichtum. Die heimische Küche beruhigt. Auch die aufgedrehtesten Charaktere werden spätestens nach dem zweiten Eisbein philosophisch. Dort kann man sitzen, über den See blicken und dem Kind beim Baden zuschauen, während man mit dem einen oder anderen Fußzeh die eine oder andere Ameise erschreckt und an all die Gefahren denkt, die man überstanden hat, damit unsere Kinder es einmal besser haben, oder aus anderen, weniger dramatischen Gründen.

Sie haben sich damals nie wieder gemeldet, schade eigentlich. Für Freiburg interessierte sich aber sogar die Stasi nur ganz am Rande. Es war früher Nachmittag. Ich fuhr zum Wannsee und ging baden.

WINTERSPORT

Das Kind und ich, wir sind tollkühne Burschen und haben stählerne Körper. Nennen Sie irgendeine beliebige Sportart – wir betreiben sie. Neulich waren wir zum Beispiel mal wieder Ski fahren. Wenn wir die Piste runterwedeln, das Kind und ich, dann sperren die Frauen bewundernd ihre Münder auf, und ihre Männer kriegen vor Neid Hautausschläge.

Kurz vorm Skifahren hatte ich mir den Fuß verstaucht. Hink, hink. Das Kind sagte: »Wie willst du denn Ski fahren, wo du nicht einmal laufen kannst?« Ich antwortete: »Ach Kind. Ski fahren ist einfacher als laufen, aber nur für Menschen, die so überirdisch gut Ski fahren können wie dein Vater. Schau!« Dann wedelte ich auf dem guten Bein die Piste hinunter, stürzte und verstauchte mir auch noch den zweiten Fuß. Die Frauen machten ihre Münder wieder zu. Die Hautausschläge der Männer verschwanden. Das Kind sagte: »Du bist alt. Ich bin jung.«

So redet man nicht ungestraft mit seinen Ahnen. Am nächsten Tag stürzte das Kind in seinem Snowboard-Kurs und brach sich das rechte Handgelenk, dreifach. Wir kamen an Krücken und eingegipst zu Hause an und boten einen Anblick wie General Custers Truppen nach ihrer Schlacht gegen die Indianer. Innerlich waren wir ungebrochen. Vom Äußerlichen konnte man das nicht behaupten.

Jetzt müssen wir halt anderen tollkühnen Burschen zuschauen.

Deswegen waren wir in Hohenschönhausen, wo die Eisbären Eishockey spielen. Dies findet in einer Wellblechhalle statt, in die so lange Menschen hineingepresst werden, bis die Wellblechwände zu platzen drohen. Um Platz zu sparen, haben viele Zuschauer sich die Schädelhaare abrasiert. Am Eingang wird man von tätowierten Männern sorgfältig nach Waffen durchsucht. Es ist in der Halle so laut, wie man es niemals für möglich hielte, wenn man es nicht mit eigenen Ohren gehört hat. Das Publikum raucht und trinkt und isst Bratwurst, bis ihm der Darm zu platzen droht. Dann singen alle gemeinsam ein Lied von den Puhdys »Alt wie ein Baum«. Denn die Eisbären pflegen die Ost-Identität.

Die Spieler auf dem Eis hauen sich wie die Kesselflicker. Wenn ein Spieler nach einem Schlag nicht mehr aufsteht, dann heißt so etwas im Eishockey-Jargon »übertriebene Härte«, sein Gegner muss zwei Minuten auf die Strafbank. Wenn der Spieler stark blutet, kostet das sogar vier Strafminuten. Zu Ehren des blutenden Spielers stehen die Zuschauer auf und singen »Alt wie ein Baum«. Ja, die Eisbären und ihre Fans sind knallhart und haben doch tief in sich drin ein Herz. Genau das Richtige für Burschen wie uns.

WURST

Gott der Herr sprach: » Ihr Völker der Welt! Essen fassen!« Und Gott der Herr verteilte unter den Völkern die Lebensmittel.

Zu den Franzosen sagte Gott: »Franzosen! Das Schaf sagt überall auf der Welt mais mais, das heißt auf Französisch aber aber. Die Kuh sagt mou mou, das heißt weich weich. Diese Koinzidenz finde Ich der Allerhöchste lustig. Deshalb bekommt ihr Franzosen den Käse. Tout le fromage.«

Zu den Italienern sagte Gott: »Wegen der Mafia kriegt ihr die Teigwaren.« Die Italiener sagten: »Danke schön. Aber was hat denn die Mafia mit den Teigwaren zu tun, dio mio?« Aber Gott der Herr war da schon längst beim nächsten Volk. »Ihr kriegt alles, was faulig riecht und glibbert«, sagte Gott zu den Engländern. »Das ist die Strafe für die Spice Girls, für die Ermordung von Lady Diana, für das betrügerische Wembley-Tor und was ihr sonst noch auf dem Kerbholz habt.«

»Ihr kriegt den Reis«, sprach Gott zu den Indern. »In eine Schale passen sehr viele Reiskörner hinein. Und in das Land Indien passen sehr viele Inder hinein. Gute Begründung, was?«

Und Gott der Herr näherte sich Japan. Die Japaner standen dicht an dicht und riefen: »Fisch! Gib uns Fisch, Herr! Schau mal, wir sind eine Insel, da macht Fisch Sinn!« Gott der Herr hasste die Besserwisser. Andererseits war er kein übler Kerl und konnte schlecht Nein sagen. »Fisch?«, sagte er. »Na gut. Aber die Fähigkeit, Fisch zu kochen, die gebe ich euch nicht. Den Kochfisch kriegen die Schweden. Ihr aber seid von nun an dazu verdammt, alle Lebewesen der See, seien sie groß oder klein, roh zu essen. Mehr noch: ihr sollt aus allen Lebewesen des Meeres Röllchen rollen und höllisch scharfen Meerrettich dazu tun, der euch den vorlauten Mund verbrennt. In tausend Jahren komme ich wieder. Mal sehen, ob euch der Fisch dann immer noch schmeckt.« Und Gott sah, dass er aus Japan schnell wegkam.

»Du, mein geliebtes Volk der Spanier, bekommst von Mir dem Allerhöchsten die Krustentiere und als Zugabe stark gesüßten Wein, von dem man sich nach dem dritten Glase übergeben muss. Frag nicht, warum. Nimm es einfach hin.« Dann kam Gott der Herr zu den Deutschen. »Hm«, sprach er, »nehmt`s mir nicht übel, aber ihr habt irgendwie Wurstgesichter. Soll ich euch die Wurst geben? Nein, das wäre zu nahe liegend. Das wäre ein Klischee. Von mir wird zu Recht erwartet, dass ich kreativ bin.« Also gab Gott der Herr den Deutschen den Broccoli. Damit hatte niemand gerechnet. Gott der Herr freute sich über seine Idee und klatschte in die Hände, so ausgiebig, dass er Afrika bei der Ausgabe der Lebensmittel übersah.

Die Hawaii-Inseln beschenkte Gott mit prächtigen Ananasbäumen, deren Früchte golden im Wind schaukelten. Das waren die schönsten Früchte der Welt. Doch ein Jammern und Wehklagen ging durch Hawaii. »Wir sind Seefahrer«, riefen die Hawaiianer, »wir können nicht gut klettern.« Daraufhin sagte Gott: »Wer nicht will, der hat schon.« Und er vergrub die Ananas in der Erde, denn es gab Tage, an denen er einfach nicht Nein sagen konnte. Wenn die Menschen heute vom goldenen Zeitalter sprechen, dann meinen sie die Zeit, als die Ananas noch auf Bäumen wuchs.

Die Wurst aber hat Gott der Herr den Polen gegeben, weil die Polen, im Gegensatz zu den Deutschen, für wenig Geld Autos reparieren, Wohnungen streichen und Spargel stechen. »An euch habe ich ein Wohlgefallen. Ihr braucht was Kräftiges, ihr braven, fleißigen Polen«, sprach Gott.

Polnische Wurst enthält nahrhaftes Fett, würzige Chemikalien, verschiedene Säugetiere, zwei Prozent Kerbtierflügel und keinerlei Vitamine. Ja – genau so muss eine gute Wurst schmecken. Kinder lieben polnische Wurst. Zum Dank für die Wurst wurden die Polen ein besonders gottesfürchtiges Volk, und alle paar Jahrhunderte reparieren sie für ganz wenig Geld den Himmel.

DIE ZUKUNFT

Der Flecken Zempow liegt im Land Mecklenburg-Vorpommern, nicht allzu weit von dem Städtchen Malchow entfernt, dort, wo von alters her auf jeweils zehn Einwohner ein malerischer Badesee kommt. Wie vieles in Deutschland, ist auch dieses gesetzlich vorgeschrieben. Sobald in einer Gemeinde die Einwohnerzahl über eine bestimmte Marke gestiegen ist, müssen die Bewohner, Alt und Jung, Männer und Frauen, rund um das Dorf neue malerische Badeseen anlegen, so lange, bis das Eins-zu-zehn-Verhältnis zwischen Seen und Menschen wieder stimmt. Das wochenlange Graben ermattet die Dorfbevölkerung nicht wenig, und aus Mattigkeit hören die Bewohner für eine gewisse Weile auf, sich zu vermehren. Deswegen ist diese Gegend so schön und trotzdem so dünn besiedelt.

Als Gevatter Zufall mich in die Zempower Gemarkung trug, raunte mir das Unterbewusstsein hartnäckig ein altertümliches Wort zu, ein Wort aus Kindertagen. »Autokino! Autokino!« So raunte es. Bis ich mich erinnerte: In Zempow befindet sich das einzige Autokino Ostdeutschlands. Es gehört zu den Errungenschaften der DDR. Ich wandte mich an das Kind, das zufällig auf dem Rücksitz saß: »Hättest du eventuell Lust, das einzige Autokino Ostdeutschlands zu besichtigen?« Das Kind erwiderte: »Wo soll denn hier in dieser Pampa ein Kino herkommen? Hier gibt es doch nichts.«

Ja, darin steckt ein Geheimnis. In der DDR fuhren nicht allzu viele Autos, deswegen mochte ein einziges Autokino auf dem Staatsgebiet als ausreichend erachtet werden. Aber warum gerade hier, weit weg von den pulsierenden Metropolen und ihren Verkehrsströmen? Die Lösung fand ich erst ein oder zwei Jahre später, in Litauen.

Die drittgrößte Stadt Litauens heißt Klaipeda. Sie gehörte bis 1919 zu Deutschland, zum nördlichsten Teil Ostpreußens, und hieß Memel. Eine hübsche kleine Stadt. Das schönste Gebäude von Memel ist und war seit langem das Theater, ein Jugendstilbau. Diesem Theater widerfuhr das Unglück, das von seinem Balkon herab Adolf Hitler eine Rede hielt, in welcher er den Wiederanschluss des Memellandes an das Deutsche Reich verkündete. Nach dem Krieg aber gehörte Litauen und somit auch Memel zur Sowjetunion. Die Sowjetunion erklärte: Dieses Theater muss, um dem Hitlerismus eine Lektion zu erteilen, unverzüglich abgerissen werden.

Die Litauer antworteten: Na klar. Nieder mit dem Faschismus! In Wirklichkeit gefiel den Litauern das Theater aber. So errichteten sie vor dem Theater einen gewaltigen Bauzaun, so hoch, dass von dem Theater fast nichts mehr zu sehen war, und sie hängten Schilder auf: Vorsicht, Gefahr, Abrissarbeiten, dringend. Wann immer die Sowjetunion fragte: Hört mal, ihr notorisch unbotmäßigen Litauer, was ist eigentlich aus dem verfluchten Faschistentheater geworden?, antworteten die Litauer: Die Abrissarbeiten sind im Gang. Ihr könnt ruhig kommen und nachschauen. Die Sowjetunion kam, sah den Zaun und war zufrieden. Nach dreißig oder vierzig Jahren wurde Litauen wieder unabhängig, der schon halb vermoderte Bauzaun kam weg, dahinter stand unversehrt und prächtig wie einst das Stadttheater.

In Zempow lief es so. Das Ministerium sagte: Oha, die in Zempow vermehren sich aber in letzter Zeit wie die Kaninchen, da muss laut Vorschrift 789 b schleunigst ein neuer See her. Den Zempowern aber gingen die vielen Seen in ihrer Gegend schon lange auf die Nerven, sie wollten stattdessen lieber ein Autokino. Als sie die Parkplätze und das Kassenhäuschen bauten, sagten sie denen vom Ministerium: Da kommt ein Strandbad hin. Als sie die Leinwand errichteten, wurde das Ministerium misstrauisch, aber die Zempower beruhigten es. »Das wird eine Sprungschanze für Wasserski«, sagten sie. »Wenn Wasserskispringen eines Tages olympische Disziplin wird, dann soll unsere Republik die Goldmedaille gewinnen.« Die vom Ministerium hatten noch nie einer Wasserskisprungschanze gesehen und glaubten es deshalb.

Als das Autokino aber fertig war, wollte das Ministerium nicht zugeben, dass es übers Ohr gehauen wurde. Das hätte die DDR international lächerlich gemacht und letztlich nur dem Imperialismus genützt.

Autokino ist was Wunderbares. Erstens das Natur-erlebnis. Zweitens das Autoerlebnis. Und dann, als ob dies alles noch nicht genug wäre, auch noch das Film-erlebnis. Auf dem Programm stand »Star Wars, Epi-sode I«. Sämtliche Autos des südlichen Mecklenburg sowie des nördlichen Brandenburg hatten sich versam-melt, hunderte, zum Teil mit Kennzeichen, zum Teil ohne. Neben der Leinwand wurde an einer halb ver-fallenen Bar Popcorn und in großem Umfang stim-mungshebende Getränke kredenzt, und als es nicht pünktlich losging, hupten die nordbrandenburgischen und südmecklenburgischen Mitbürger mit mediterra-nem Temperament.

Der Filmton kommt im Autokino nicht mehr aus diesen kleinen Knubbeldingern, die mit einem Kabel ins Auto hineingehängt werden, wie anno dunnemals. Nein, in der Ära Schröder kommt der Ton aus dem Autoradio. An der Einfahrt sagen sie einem die Fre-quenz, die man einschalten muss. Selbst durch die fast schon ausgestorbenen Autokinos marschiert uner-müdlich der Fortschritt. Bestimmt gibt es mittlerweile auch computergesteuerte Messerbänkchen und solar-zellengetriebene Nähmaschinen.

Gute Väter erkennt man daran, dass sie ihr Kind im Autokino auf dem Fahrersitz Platz nehmen lassen. Dann kann das Kind während der Verfolgungsjagden, an denen »Star Wars, Episode I« so reich ist, das Lenk-rad fassen, »Juchhee« rufen und mitsteuern. Auf dem

Nachhauseweg sagte ich, in einem Anflug von Depression: »Wenn du groß bist, gibt es bestimmt keine Autokinos mehr.« Seit ich diese Geschichte aus Memel kenne, bin ich mir da nicht mehr sicher.